洪澜 编著

诗里寻名

古典诗文起名精选

气象出版社

China Meteorological Press

内 容 简 介

本书从中国人的姓名文化、起名方法、命名礼仪入手，阐述了运用古典诗词文赋起名的具体方法和原则，从中国人较多用来起名的《诗经》《楚辞》《论语》《周易》《道德经》《庄子》《列子》以及唐诗宋词等古代哲学、文学典籍中，精选可以用于人名的富有真善美意蕴的组合，建立了包含近两千个起名实例的古典诗文名字库。在编选名字组合的同时，对其出处篇章大意及文句含义做了白话解读，使读者能够了解名字组合的文化背景，满足大众多种多样的起名需求，为读者提供尽可能翔实周到的参考，有助于读者举一反三起出好名字。书的最后还附有名字库的简表，仅收录名字及其出处，按汉语拼音顺序排列，方便读者查阅。

图书在版编目（CIP）数据

诗里寻名：古典诗文起名精选 / 洪澜编著.
北京：气象出版社，2025. 1. -- ISBN 978-7-5029
-8347-5

Ⅰ. K810.2

中国国家版本馆 CIP 数据核字第 20245SP464 号

诗里寻名——古典诗文起名精选

Shi Li Xun Ming——Gudian Shiwen Qiming Jingxuan

出版发行：气象出版社			
地　　址：北京市海淀区中关村南大街 46 号		邮　　编：100081	
电　　话：010-68407112（总编室）　　010-68408042（发行部）			
网　　址：http://www.qxcbs.com		E-mail：qxcbs@cma.gov.cn	
责任编辑：杨　辉　王子淇		终　　审：张　斌	
责任校对：张硕杰		责任技编：赵相宁	
封面设计：追韵文化			
印　　刷：北京盛通印刷股份有限公司			
开　　本：710 mm×1000 mm　1/16		印　　张：24.5	
字　　数：340 千字			
版　　次：2025 年 1 月第 1 版		印　　次：2025 年 1 月第 1 次印刷	
定　　价：88.00 元			

本书如存在文字不清、漏印以及缺页、倒页、脱页等，请与本社发行部联系调换。

前　言

　　名字，对每一个人来说都是非常重要的，即使不是出身名门，即使终生泯然众人，一个人的名字依然是他（她）区别于别人、是他（她）在这个世界上独一无二的标志。虽然人海茫茫，难免重名，但重合的只是名字的形式，因为不同的人，姓和名的内涵都是不同的。同姓有不同的来源，同名也有不同的出处。

　　例如，中国人数最多的姓氏——王姓，历史上就有琅琊王姓和太原王姓两大宗族，琅琊王氏祖居汉代琅琊郡的皋虞县，后来迁徙到琅琊郡的郡治临沂县（今临沂市），在东晋时期，强盛的琅琊王氏加入了"衣冠南渡"的大军，移居金陵（今南京市），成为江南地区数一数二的高门大姓。太原王氏则世居于太原郡，又分为晋阳王氏和祁县王氏，为北方地区的著名大族，是唐代山东士族七姓十家之一。

　　至于同名，就又要说到历史上另一支显赫一时的王姓大族了，那就是西汉的元城王氏，这是西汉元帝的皇后王政君的母族。这支王姓家族在王政君做皇太后的时候，作为实权的外戚，几乎把持了整个朝廷。这个家族最后出了一个叛逆的后代，名叫王莽，他倚仗王政君的太后身份，成了王氏外戚的当家人、西汉朝廷的大司马，便篡汉自立，建立了新朝。其实在这个王莽之前，西汉还有一个叫王莽的人，是汉昭帝时期的右将军，祖籍天水。两个西汉的王莽虽非同族而同名同姓，看似很容易混淆，但是他们的字不同，右将军王莽字稚叔，篡汉自立的王莽字巨君。"莽"这个字，《说文解字》解释为"狗在草丛里追逐兔子",引申为鲁莽之意,假借为草、草丛之意,另外还有"大"的意思。可见,右将军王莽的父亲给他起名时,用的是"莽"字的"草"这个义项,一棵一棵的野草就是小如禾苗,对应本义为"幼禾"的"稚"字。而篡汉的王莽,他的父亲给他起名用的是莽字的"大"这个义项,对应有"巨大"之意的"巨"字。尽管两人都叫王莽,其实名字的含义还是不同的,代表的是两个性格、生平、人生轨迹完全不同的人。

当然,为了让名字更好地发挥它的作用,我们在起名的时候,确实也应该尽量避免重名情况发生。这说来容易,但做起来也不那么容易。曾有新闻报道说,某大学新生入学,叫"子涵"的男生和叫"欣怡"的女生人数众多,而某地 2021 年一年的新增户籍人口中,起名"一诺"的有一百多人,且多为女孩,更不用说还有大量的新生儿取了单字名,排在首位的就是"伟"字,"敏""静""杰""丽"紧随其后,重名者数不胜数……人人都想用含义美好吉祥的汉字来给孩子命名,这体现了长辈对晚辈深沉的爱和祝福,但稍显遗憾的就是,大家起名的共同趋向,往往也是重名率居高不下的缘由。

其实,汉字的排列组合方式无穷,呈现的美名也可以是无尽的,除了自编自创之外,还有一种依托于我们独有的文化的起名方法,就是充分地发挥古代典籍的作用,将先贤先哲们创造出的精妙文字摘取来为子孙后代们命名。如此,当短短两字的精练,就涵容了一行两行、一段两段隽永的篇章诗句,使几千年思想的精华巧妙地融汇于其中,名字成为代表经典的符号,也便体现出了我们祖辈积淀下来并要传承下去的对诗书礼乐堂皇之美的向往。

本书正是为此而编写。

本书的内容分为两部分,一为简单介绍中国人的姓名文化、起名礼仪和方式,以及运用诗词文赋起名的具体方法、原则和禁忌,二为包含近两千个起名实例的名字库。名字库的编选，以较为常用于起名的几部古代哲学、文学经典《诗经》《楚辞》《论语》《周易》《道德经》《庄子》《列子》为基础，另外还有一部分从唐宋诗词里精选；同时，从有利于整体理解诗文含义的角度，对名字的出处作了白话解读，而非逐字翻译，希望为起名者提供尽可能翔实周到的参考，以适应于多样多元的取名需求和取向。书的最后还附有名字库的简表，仅收录名字和出处，按拼音顺序排列，方便查阅。

人们常说"腹有诗书气自华"，那么，我们不如从"名有诗书气自华"开始，以雅致的名字为新生儿的人生"赋能"，赋文化的能，赋性情的能，赋思想的能，赋一个灵光耀烨的锦绣未来。

作者
2024 年 8 月

目　录

前言

一、诗词文赋起名基础知识 ················· 1

（一）中国人的姓名文化概述 ·············· 3

（二）运用诗词文赋起名的具体方法 ············ 17

（三）运用诗词文赋起名的原则和禁忌 ············ 23

二、联珠缀玉：诗词文赋起名实例 ·········· 27

（一）《诗经》起名实例 ··················· 29

（二）《楚辞》起名实例 ··················· 115

（三）《论语》起名实例 ··················· 163

（四）《周易》起名实例 ··················· 207

（五）《道德经》起名实例 ················ 264

（六）《庄子》起名实例 ··················· 277

（七）《列子》起名实例 ··················· 328

（八）唐宋诗词起名实例 ················· 337

附录　本书诗词文赋起名实例及其出处汇总一览 ········ 349

壹

诗词文赋起名
基础知识

（一）中国人的姓名文化概述

姓氏、名字，现在大多被认为是两个词，而实际上，这两个词包含了四个内容，分别是：姓、氏、名、字，这四个内容虽然都与人的称谓有关系，但姓和氏、名和字这两个组合并不分别是一个意思。这与中国人特有的姓名文化有关。

起初中国人有姓有氏，亦有名有字。后来姓和氏合一了，一般人都只有一个姓，传承于父系家族，而名和字依然是分离的，出生时起名，成年时取字。

1. 中国人的氏与姓

◎ 氏

"氏"字的本义是山壁上突出而容易崩塌的部分，字形像崖肩之形，属象形字。这个字来自巴蜀地区的方言，那里山地险峻、地形复杂，有专门的词来表示某一种地形也很正常。后来，可能是因为上古表示宗族支系的字与其同音，这个字便被借用了，并逐渐被人们习惯，正式成为"姓氏"的"氏"。

东汉《白虎通义》说："所以有氏者何？所以贵功德，贱伎力。或氏其官，或氏其事。闻其氏即可知，其所以勉人为善也。或氏王父字何？所以别诸侯之后，为兴灭国、继绝世也。诸侯之子称公子，公子之子称公孙，公孙之子各以其王父字为氏。"意思是说，之所以出现"氏"，是为了表彰那些有功有德的人，贬低那些徒有技能和力量而不讲仁义的人，用某人的官职或事迹来作为他的子孙后代的氏，别人一看到这个氏，就知道这一家人祖上做过些什么。通过这样的彰显，勉励仁善之家继续发扬好的家风。有的氏来自祖父之名——"王父"就是"祖父"的意思——这则是为了区分诸侯的不同后代分支，有的诸侯国灭亡了，但姓氏仍能保留，意味着其血脉未绝，依然在繁衍后代。所以，诸侯的儿子称公子，公子的儿子称公孙，而从公孙的儿子开始，他们以各自祖父的名字为氏，这样，大家就都知道他们源自哪一个公子了。

虽然氏涵盖的群体范围小于姓，但从源流而言，氏的出现应该是先于姓的。先秦有上古十二氏之说，《庄子》中记载，这十二氏分别为容成氏、大庭氏、柏（伯）皇氏、中央氏、栗陆氏、骊畜氏、轩辕氏、赫胥氏、尊卢氏、祝融氏、伏羲氏、神农氏，这些都是传说中文明初期曾统治华夏之地的帝王的氏。十二氏，指的就是十二支强盛的氏族，后世称其氏而非称其姓，很可能是因为他们并没有姓。也就是说，这些帝王的子孙，还没有形成规模足够大的家族，只是较小的氏族。

对于上古的个人来说，得氏也可能先于得姓。这种事实被投射在了掺杂神话传说的历史记载中。如中华人文始祖黄帝，他是有熊氏少典和有蟜氏附宝之子，因生于轩辕之丘而称轩辕氏，当然后世史籍也有称他有熊氏的，不过那多半只是从当时父姓子承的伦常观念出发，想当然于古人罢了。后来，黄帝在姬水流域发展壮大，成就了自己的势力，于是以姬为姓。从这个历史记载来看，黄帝未成姬水流域的大族首领时，只有氏，没有姓，等到他的部族具备了一定的称雄实力后，不管是因自称还是他人尊称，他有了姓。另外一位华夏始祖，同样是有熊氏少典与有蟜氏所生的炎帝，也是如此，他起初被称神农氏或烈（列）山氏，后来他的氏族在姜水流域成长为大部落，才以姜为姓。

◎ 姓

先秦以后，人们对姓和氏有了明晰的区分。姓代表的是依据血缘而形成的家族关系，因此"姓"字左边为"女"，右边为"生"，意思是嫁入家中的女子所生的孩子，才能得到家族的姓，"姓"字也包含"子女"的字义。氏则是一个家族之下不同分支所用的名号，用来标记子孙的支系。如春秋时期的鲁国，鲁桓公有四个儿子，分别是嫡长子同、庶长子庆父、庶次子叔牙和嫡次子季友，鲁桓公为姬姓鲁氏，他这四个儿子自然也都是姬姓鲁氏，但四个儿子的后代则各自有不同的氏，以氏互相区分。姬同是继承君位的人，即后来的鲁庄公，依然为鲁氏，姬庆父分支称仲孙氏或孟氏、孟孙氏，姬叔牙分支称叔孙氏，姬季友分支称季氏。后来，这些不同的氏也逐渐演变成了新的姓，从姬姓中分化出来了。

《白虎通义》中说："人所以有姓者何？所以崇恩爱、厚亲亲、远禽兽、别婚姻也。故礼别类，使生相爱，死相哀，同姓不得相娶，皆为重人伦也。"意思是说，人之所以有姓，是为了推崇亲恩慈爱，厚待自己的亲人，远离野蛮不开化的族群，区分能够结婚和不能够结婚的对象，也就是说，将一个通过血缘亲属关系联结的家族的"姓"固定下来，起到的是一种维持社会伦理的作用，人们以是否同姓为标准，从人群中识别出自己应该关怀照顾的人，以及不可与之结婚繁衍后代的人。因此《白虎通义》还说，"不娶同姓何法？法五行异类乃相生也"，即当时已经有了非常明确的"不娶同姓"的社会规则，儒家学者按照阴阳五行的观念，解释说这是为了效仿金、木、水、火、土五行的"异类相生"，因为只有不同种类的五行才能相生，所以只有不同姓的人才能生出后代。当然效仿五行之说只是牵强附会，其实，古人早就发现，同姓（同宗族）的人结合所生育的子女，不健康甚至夭折的比例是比较大的。成书于春秋末期的史籍《左传》

中就说过"男女同姓，其生不蕃"，蕃，意为繁盛。虽然他们不知道"不蕃"的原因是什么，但为了避免这个结果，便规定了同姓不婚。

起初的氏和姓都是来自外界事物。炎、黄二帝之父所属的有熊氏、之母所属的有蟜氏，显然与动物有关；神农氏与生存手段有关，史载炎帝的部落尤其善于农耕；轩辕氏、烈山氏、姬姓、姜姓，则都与地理有关，或为山名，或为水名。中国人的姓与氏都不是从天而降凭空而生的，在这些上古姓氏中，隐含了我们的祖先在这片广袤土地上跋涉、拓荒、耕耘，为了血脉延续、种族繁衍所做出的巨大努力。

2. 古人的名与字

◎名

姓为别亲族，氏为别子孙，那么名就是为了区分人。每个人都有自己的名字，如同独立的记号，和别人区别开来。

我国的文字历史，起初只记载贵族的名字，普通人的名字基本不被提及，只随便给个叫法。比如《论语》中写道，有一个楚国人曾对坐在车中的孔子唱歌，这个人叫作"接舆"，很显然"接舆"并非他的名字，只是因为他靠近了孔子所乘坐的车厢（舆），所以这么叫他。但这也显示了当时人们起名的惯用模式，那时人们喜欢用孩子出生时遇到的事来为新生儿起名。假如这个人出生时母亲靠近了马车的车厢，他很有可能就真的叫"接舆"了。《左传》里记载，郑武公的王后武姜生长子时，是"寤生"，有人解释"寤生"为睡着的时候突然生产，也有人解释"寤生"就是难产，总之这个孩子的出生让武姜受到了惊吓，于是她给长子起名"寤生"，这并不是什么好听吉利的名字，纯粹就是依据出生时发生的事情而命名。武姜非常讨厌寤生，以至于他长大后继位成为国君，武姜还勾结自己的小儿子要推翻他，引出郑国宫廷的一桩惊天事变。最后寤生，也就是郑庄公，平息了母亲和弟弟的叛乱，一气之下把武姜流放了，发誓不及黄泉永不相见。这桩悲剧的发生，都是因为武姜遭遇了危险的"寤生"，且把自己对死亡的恐惧怨恨转嫁到了亲生儿子的头上。郑庄公的名字就体现了这一切。

另外还有记载，晋惠公在梁国流亡时，娶了梁国国君的女儿梁赢，梁赢怀孕，迟迟不分娩，当时人们遇到难事习惯于占卜问吉凶，晋惠公找来的卜者是父子两人，儿子说："这是要生一男一女。"父亲说："对，男孩将来要做别人的奴隶，女孩将来要做别人的婢妾。"后来梁赢果然生了一男一女，晋惠公便给儿子起名"圉（yǔ）"，给女儿起名"妾"，"圉"字本义是"监牢"，也有"养马人"的意思，妾指的就是女奴、女仆。虽然不明白晋惠公这样起名的动机是什么，但起名原因还是很清楚的，就是有人告诉他，他的孩子命中注定给人当奴婢，他干脆就让孩子以此为名。后来，事实竟真如卜者所说，圉被送去秦国做人质，如同戴罪之人，而妾做了某个官员的侍女。圉后来逃回晋国继位，即晋怀公，不久他的叔父重耳返国夺取了君位，把他杀了。

起名以事是一种方式，以物又是一种方式。古人用物品来给孩子起名，简直五花八门。武器、工具都还算正常，如鲁国有大夫叫叔弓，以射箭用的弓为名，他的儿子叔鞅，以套在马脖子上的皮套为名。齐国名将田穰（ráng）苴（jū），姓陈，田氏，他的名字"穰苴"，用白话说就是"茎秆和干草"。田穰苴是一位著名的军事家，被齐国封为大司马，所以后世称他司马穰苴，后代也多改称为司马氏了。

有时候，婴儿出生时身体上的特征也会直接被拿来起名字，不管多么尊贵的人，都可以这么起名，相当随意，似乎不假思索。如周桓王有个远房兄弟叫黑肩，人称周公黑肩，晋国的晋成公名叫黑臀，卫国国君之弟卫子叔名叫黑背，鲁成公名叫黑肱（gōng）——当时还不止一个叫黑肱的，另有一位芈（mǐ）黑肱，是楚国公子，以及一位邾（zhū）黑肱，是邾国大臣。这些名字的具体含义很难说，也许是指在某个部位长了黑色胎记、黑痣等，也有可能是指某个部位皮肤相对显黑。

当然，那时人们起名也已经开始考虑让名字附着正面积极吉祥的色彩。比如，周朝有个很小的诸侯国——郳（ní）国，也叫小邾国，是鲁国的附庸。《左传》曾记载该国的国君郳犁来去朝见鲁庄公的事。这位郳犁来姓曹，这是郳国的国姓，其名字犁来，"犁"与"耕"同义，"来"在古汉语中有麦子的意思，《诗经·周颂·思文》中说"贻我来牟，帝命率育"，"来牟"就是指小麦和大麦。可见郳犁来的名字与种庄稼有关。身为国君，他自然不会出生在田间地头，但种麦子这样的事，对王族来说至关重要，因此，"犁来"这个名字可能包含了一些长辈祈福祝祷、祝愿国泰民安的意义。

另外，鲁国有一个人名叫无骇，他是鲁孝公之子公子展的孙子，姓姬，因为出师打败了鲁国的附庸小国极国，立了战功，鲁隐公便在他死后赐他这一支子孙以展为氏。"骇"是惊恐、恐惧的意思，"无骇"就是"不惊不惧"，是一个祈福的名字。无骇有一个儿子叫获，"获"的本义是打猎所得到的猎物，也引申为"得到"之意，从字义上说，也是有正面意义的名字。

楚国有位公子名叫弃疾，含义吉祥，是后世采用率很高的名字。这位公子弃疾就是楚平王，只是他当了国君之后，改名为"居"了。楚康王时，楚国令尹子南（即楚庄王之子公子追舒）有个儿子，也叫弃疾。还有春秋时期莒国国君莒犁比公的两个儿子，长子名叫去疾，跟弃疾是一个意思；次子名叫展舆，"展"字的本义是转动，"舆"的本义是指车辆能够载人载物的部分，即车的主体，两个字合起来就是推车行进的意思，这是件好事，是满足人们愿望的，所以展舆之名应该也带有积极的含义。

春秋时期各国战乱，各有胜败，因此还出现了一种有趣的起名现象：用自己手下败将的名字来起名。鲁文公十一年（公元前616年），少数民族鄋（sōu）瞒（也叫长狄）入侵齐、鲁两国，鲁国大臣叔孙得臣追击鄋瞒，抓获并杀死了其首领侨如、虺（huī）、豹三人。叔孙得臣为了纪念自己立下大功，就把自己三个儿子的名字分别命名为侨如、虺和豹。他的长子原名宣伯，改名侨如的时候很可能已经成年了，所以后来史书上提到他时，有时称叔孙宣伯，有时称叔孙侨如，且每次都要说明一下"亦曰侨如"或"亦曰宣伯"，很是麻烦。

◎字

除了名之外，古人还有字。字的具体取法，见下文讲述的古代命名礼仪。

字的意义与姓、氏、名不同，虽然它也作标记身份之用，但这个身份不是指"某人是谁"，而是指"某人是成年人"。后世人们认为从春秋开始，名和字就是相互匹配的关系，所谓相互匹配，即指语义相近，至少是密切相关。上文所说的鲁国大夫展无骇的儿子展获，他的字叫禽，"获"指"猎物"，"禽"字的本义是"走兽总名"，名和字就是同义的。这位展获（展禽），有一个更广为人知的名字"柳下惠"，"柳下"是食邑名，"惠"是谥号。柳下惠品行端庄，道德高尚，他的名字也成了古人对君子的代称。卫国则有蘧（qú）伯玉，姬姓，蘧氏，伯玉是字，其名瑗，"瑗"是"大孔璧"的意思，也就是中间的孔的面积比周边圆环大的玉璧，这是一种用来引导君主上台阶的玉质礼器，"瑗"和"伯玉"也是互相匹配的关系。蘧伯玉是孔子非常欣赏的人，孔子曾说过："君子哉蘧伯玉！邦有道，则仕；邦无道，则可卷而怀之。"意思是："蘧伯玉真是一个君子，国家有道，他就出来做官；国家无道，他就把自己的才能收藏起来不用。"

3. 古代命名礼仪

《礼记·檀弓上》中说："幼名，冠字，五十以伯仲，死谥，周道也。"也就是说，依据我国历史上最典型也是最完备的官方礼仪——周礼，"命名""称名"这件事贯穿了人的一生。

◎ 幼名

幼名，指的是婴幼儿时期起名字。

婴幼儿的名字不是随便起的。《礼记·内则》中说："凡名子（字），不以日月，不以国，不以隐疾；大夫、士之子，不敢与世子同名。"《左传·桓公六年》则说，起名"不以国，不以官，不以山川，不以隐疾，不以畜牲，不以器币"。总的来说，在先秦时期，给孩子起名的禁忌颇多。首先，不会起名为"日""月"，不用作为地理标志的大山、大河的名字，古人认为这些名字具有神性，人承受不了；其次，不用国家的名号、官职的名称和礼器玉帛的名字，因为这些名字具有礼仪和法制赋予的庄重，用于人名显得不敬；再次，也不以"隐疾""牲畜"为名，所谓的"隐疾"，是指包裹在衣服里面外人看不到症状的身体疾病，推想大约是指某些严重且久难治愈的皮肤病，这种病令人痛苦，在古代又极其难治，人们怕取这样的名字触霉头——显然那时的人们已经有了"名字应该寓意吉祥"的文化意识；最后，卿大夫、士的孩子，不能与君主的世子同名，在封建继承制之下，君主的世子将来是君主，大夫、士的孩子将来是大夫、士，孩子们之间的尊卑之序早已确定，卑者当然不能与尊者重名。

这样的规则，是后世避讳制度的雏形，但此时的人们还比较通情达理，比如大夫、士的孩子出生、起名先于世子的，按照当时礼仪，不必改名。如《左传》记载，卫国国君名叫恶，同时卫国还有一个大夫名叫齐恶，另一个大夫名叫石恶，因为"恶"这个字和"喜"一样，在春秋时期算是个常用名。但大夫恶并没有因为与国君撞名而被迫改名。注释《春秋》的《谷梁传》解释说，这是因为"君子不夺人名，不夺（人）亲之所名，重其所以来也"，就是说，君子（国君）不应该剥夺别人的名字，不应该剥夺别人父母给予的命名，这是尊重他人的家族、父辈。显然，这种理念与避讳制度是相左的。

但在汉代以后，避讳之风愈演愈烈，令人拘泥于此，无以适从。如唐代有个叫贾曾的人，他的父亲名叫贾言忠，开元初年，贾曾被任命为中书舍人，他认为"中"字犯了他父亲"忠"的名讳，坚决拒绝，有人向他解释说，同音不同字，不犯忌讳，他这才就职。

《礼记·内则》记载，婴儿之名是由父亲来起的。周朝贵族女子分娩要住到别的地方去，生产之后才接回来。孩子被安置在"孺子室"，也就是古代的婴儿房，除了从家中女眷里特别挑选来照顾孩子的老师、保姆等人之外，其他人一概不能前去探望，孩子的父亲也不例外。所以，为孩子起名的仪式，也是父子的第一次见面。

仪式的时间在孩子出生三个月后的某个吉日。是日，大人会给孩子剪发，不全剪，男孩留脑门两边的头发，女孩留头顶上的头发，或者男孩留左侧头发，女孩留右侧头发。大夫以上的贵族要穿全新的衣服，士以下的人家穿洗干净的旧衣服。全家人黎明时分便起床，沐浴，穿礼服，为家主夫妇准备好正式的膳食，规格比照"朔食"，即帝王及贵族每月初一所备较平日丰盛的膳食。在周代礼仪中，每月初一，无论天子、诸侯还是公卿大夫，也无论是为活人备膳还是为去世的先祖献祭品，家中都会准备较平时更为丰盛的食物。可见这个父子相见且为新生婴儿起名的仪式，人们是非常重视的。

仪式在正寝举行。正寝是家中男主人料理公务的地方，也是整个家族宅院的中心。仪式开始时，男主人走进正寝的门，从东阶登堂，面朝西方站着，他的妻子则抱着孩子从所居的侧室来到正寝，站在西阶的屋檐下，孩子的教师和保姆站在她旁边。仪式中双方会互致礼辞，保姆先开口替女主人对男主人说："小儿的母亲某氏今天胆敢敬请您与小儿相见。"男主人则对妻子说："请你好好教导小儿，指引他行正道。"然后拉起孩子的右手，带着笑为他起名。妻子则回应说："我谨记了，将来必使此儿有所成就。"这番礼辞应答结束后，妻子转向左边，把孩子交给教师，教师再把孩子的名字宣告给家中的女眷。同时，男主人也会把孩子的名字告诉自己的属吏，属吏宣告给家中的其他男子，并报告本社区（间）的官员，社区官员以此名书写两份文书，一份收藏在本社区的官府，另一份献给本州的长官，收藏在州府中。从此，这个孩子就是登记在册的户籍人口了。

另外，如果孩子祖父还活着，出生满三个月时，也要举行见祖父的仪式，祖父也可为孩子起名，但无须致礼辞。

◎ 冠字

冠字，指的是二十岁行冠礼时起的字。

《礼记·冠义》中说："冠者，礼之始也。"因为男孩子行冠礼后，社会便以一个成年人的标准去要求他，允许他加入"君臣""父子""长幼"这一系列伦理秩序中来，寻找并确定自己的位置。

冠礼举行的时间是十九或二十岁，传说上古天子、诸侯十二岁行冠礼，十五岁就生孩子了，但诸侯之子和士是二十岁而冠，所以一般都以二十岁为举行冠礼的年纪。冠礼是人一生中最为重要的成人礼，所以要做的准备很多。首先是选择举行仪式的具体日期，以及参加仪式的宾客和助宾，这需要去宗庙占卜，由祖先神明来决定。定好日子和宾客名单后，行冠礼者的父亲或所在家族的一家之主要去亲自邀请宾客。

家中会为行冠礼的少年准备好三顶冠：一顶缁布冠，为日常所戴；一顶皮弁，为戎装时所戴；一顶爵弁，为陪同天子、诸侯祭祀时所戴。在冠礼上，主宾依次为加冠少年戴上这三种冠，每次都口诵礼辞，大意都是祝福少年能顺利成人，多福多寿。如果行冠礼的是国君，那还要再多加一次冠，用的是玄冕。这是诸侯用于祭祀的礼冠。若行冠礼的是天子，则要再加一次衮（gǔn）冕，这是皇帝的礼冠。

待加冠完成后，少年要将仪式所用的脯（fǔ，肉干）送去给母亲，与母亲互拜。如果他的母亲已不在世，便选一人代其亡母受礼。古人非常注重父母与子女的伦常，理论上父母是绝不可以拜儿女的，之所以在这里母亲要与儿子对拜，是因为儿子所持的脯来自宗庙，是祭祀祖先的祭品，十分尊贵，也就是说，母亲其实是在拜谢肉干。尽管如此，后人还是接受不了母拜子的礼节，于是改成了母亲只需要站起来迎接儿子，不必拜谢。

最后，主宾会为少年起一个字，这就是"冠字"。冠礼后男子成年，并即将为人之父，其他成年人都会接纳他进入自己的社交圈，对他不再称呼名，而是称呼字，就是接纳他的一个重要表征，即所谓"已冠而字之，成人之道也"。

女子的成年礼为笄（jī）礼，一般是十五岁举行，行礼后便可婚嫁。同样的，在仪式结束时，女孩会被给予一个字。

无论男女，有了字之后，人们都会称呼他们的字，而不再称名，以示尊重。

◎ 伯仲

"五十而伯仲"，意为到了五十岁时，人们将以兄弟长幼排行，即用伯、仲、叔、季的排行来称呼一个人。汉代《白虎通德论·卷八·姓名》一节中解释说："五十知天命，思虑定也，能顺四时长幼之序，故以伯仲号之。"在古人看来，一个人到了五十岁，才能说在思想上足够成熟了，才能充分理解儒家关于自然时空、关于社会伦理的种种观念，也就是所谓的"知天命"，于是人们可以用符合这种时空、伦理观念的命名方式去称呼他了。伯、仲、叔、季中的"伯"是嫡长的意思，指正妻所生的长子，姬妾所生的庶长子并无称为伯的资格，而是称孟。

"伯仲号之"就是在此人的名字前面加上他的排行，比如商朝末年的孤竹国有两位青史留名的王子——夷和齐，他俩最著名的事迹是反对周武王伐纣，愤然不食周粟，最终饿死。夷排行老大，齐排行老三，所以他们被称为伯夷、叔齐。另外，还有鲁国的开创者、西周周公的嫡长子禽，史书称其为伯禽。

至于女子，在这方面与男子有些不同，不必等到五十岁，十五岁就称以伯仲了，直到她死去时，在亡者名牌上，她的名称依然是姓氏加上伯仲排次，既不写名，亦不写字。史书《春秋》中，记载有许多名叫伯姬、叔姬、季姬的女子，她们都是周朝宗室所出的姬姓女子，也就是说，对她们的称呼只有排行和姓氏。如果她们没有嫁人，便只称伯仲叔季，嫁人之后，嫁到哪个国家，就在伯仲叔季前面加上丈夫所在的国号，比如，鲁国曾有一位排行第三的宗室女嫁给了杞国国君，由此被称作杞叔姬。后来她因受丈夫虐待，不得不回到鲁国，并在娘家死去。鲁成公九年（公元前582年）春季，鲁国为了维护本国尊严，迫使杞桓公派人来接走了杞叔姬的灵柩。这位命运悲惨的姬姓女子，即使其生死还关联着重要的外交关系，因而得到了比其他姐妹稍多一些的历史记载，人们也无从知道她到底叫什么名字。

◎ 死谥

死谥，指一个人死去的时候，人们根据其生前表现赋予他一个名号，用以替换他在世时的名字。

从礼仪上说，人一去世，就要商议给什么谥号，商议定了才能接着办理下葬的事宜。《礼记·檀弓下》记载，春秋时期卫国大夫公叔文子去世时，他的儿子戍便请卫灵公为之命名一个谥号，好及时将父亲下葬。卫灵公说："当年卫国发生饥荒，夫子为饥饿的灾民煮粥，这不就是慈惠吗？当年卫国发生战乱，夫子誓死保卫寡人，这不就是忠贞吗？夫子管理着卫国的国政，修正制度，与邻国友好交往，使卫国社稷能够保全下来，没有辱没祖先，这不就是善于文治吗？就赐夫子谥号'贞惠文子'吧！"

儒家先师孔子对公叔文子也给过类似的谥号。这件事记载于《论语·宪问》。公叔文子有个家臣名叫僎（zhuàn），因得到公叔文子的推荐，从家臣提升为国臣，等于与原先的主人平起平坐了，这在春秋时期是极其难得的。孔子对此非常赞赏，说"可以为'文'矣"，意思是公叔文子心胸博大，愿赐予他人爵位，将来的谥号可以用"文"。

虽然孔子所说的"文"与卫灵公所说的"文"意义不同，但都是对公叔文子平生事迹的总结和赞誉。此即所谓"闻其谥，知其行也"（《礼记·乐记》）。

谥号一直就是起这个作用：用名号来给人一生的善恶定个调，对善者彰显赞扬，对恶者揭露批判。给公叔文子定下"贞惠文子"这一嘉誉谥号的卫灵公，他自己的谥号就是偏贬义的。

在春秋的国君中，卫灵公属于能力很强但名声不好的那一类。他宠爱一个叫弥子瑕的嬖（bì）大夫，弥子瑕为了探望母亲而驾着他的车马偷跑回家，他说"看弥子瑕多孝顺，为了母亲不惜冒犯罪的风险"，弥子瑕给他吃自己咬过一口的桃子，他说"看弥子瑕多爱寡人，吃到好吃的东西，还惦记着给寡人吃"。等到弥子瑕不再年轻英俊了，只犯了一点小错，卫灵公就不依不饶了，翻旧账说"这个人偷驾我的车马，给我吃他吃剩的桃子"，再也不宽容弥子瑕了。虽然卫灵公的"劣迹"大多都是这种花边故事，无伤大雅，但很影响声誉，他谥号中的"灵"字，就是指"任本性，不见贤思齐"。

当然在表贬义的谥号里，"灵"的贬义色彩较为轻微，还不至于上升到身败名裂的程度。像"戾""厉""隐""幽""丑""抗""炀"等，都是更加严重的批判式甚至斥责式的谥号，若是哪个帝王被加上这种谥号，必然不是昏君就是暴君，或者两者兼有。另外还有像"哀"这样的谥号，表示此人命运凄苦、结局悲惨，而且是天年未尽，短命夭亡。

传说谥法产生于三皇五帝时代，古人认为在更古老的时候，只有有爵位的人才能获得谥号，但在先秦时期已经不这样了，普通士人也可以在死后得到谥号。在后来的历史中，更是有无数终身为平民的文人名士，死后得到官方或公众给予的谥号。如东晋文学大家陶潜，死后被友人和仰慕者私谥为"靖节"，故世称靖节先生；北宋的隐逸诗人林逋，死后得到宋仁宗赐予的谥号"和靖"，所以后世也称和靖先生。他们共同的谥号用字"靖"，就是表彰他们作为隐士的这种恬淡、柔和、克己的人生境界。

女子也有谥号，但仅限于地位尊贵的女性，至少得是一个贵族家庭的嫡妻。如果是姬妾，那么必须有继承家族爵位的儿子。也就是说，在封建时代，女子想要死后拥有谥号，要么从夫，要么从子，她自己是没有这个权力的。

（二）运用诗词文赋起名的具体方法

《论语·泰伯》中记载孔子说过的话："兴于《诗》，立于礼，成于乐。"这句话的意思是说，一个人所受的教育，从学习《诗》开始，到学习礼后能够在社会上站得住，到学习乐时，个人的文化修养便基本成就了。可以看出，孔子将学《诗》放置于教育的启蒙阶段，是将一个蒙昧的人带入文化殿堂的敲门砖。那么这里所说的《诗》是什么呢？

先秦典籍中的"诗"，一般指的都是我们熟知的《诗经》。孔子所说的《诗》，就是《诗经》，是他收集整理编辑而成的一部先秦诗歌总集。这部诗集分为风、雅、颂三大部分。其中，风主要是全国各地的民歌，也叫国风。国风源于民间，体现了当时的社会风貌，也包含了那个时代普通人的情感和思想，非常鲜活可爱。雅则是周朝君臣日常宴饮、聚会时所用的音乐，《诗经》中的雅分为大雅和小雅，大雅便是宫廷歌曲，小雅则是贵族诗人所写的个人作品，还有一小部分也是民歌，这些诗歌的风格是文雅方正，与贵族仪态一致。颂是宗庙祭祀所用的音乐，《诗经》中有周颂、鲁颂和商颂，内容多为歌颂祖先的功劳和事迹，非常宏大堂皇。

后来，诗的含义扩展到指以符合格律的方式书写的文学作品，包括律诗、词、散曲、赋等。律诗主要有五律和七律，一句五个字的叫五律，也叫五言律诗，同样，一句七个字的叫七律，也叫七言律诗。五律和七律字数不同但句数一样，一首诗都是八句。有一种诗，写法也依照律诗格律，也分五言和七言，但句数只有四句，是律诗的一半，这种诗叫作绝句。我们耳熟能详的唐诗，即产生于唐代的传统诗歌，也是我国古代诗歌艺术成就的最高峰，基本上都是律诗和绝句。

词也叫长短句，从这个名称上可以看出词和诗的区别。词的每一句字数不是统一的，有多有少。词在写作时有许多可选的词调，叫作词牌，写作时采用哪一个词牌，词的声韵、段落（阕）数、句子的长短就依据词牌而固定下来，非常严格，不能错乱，犹如把文字填入已有的空格中，所以作词也叫填词。词牌名都非常优美，如诗如画，像《浣溪沙》《虞美人》《西江月》《踏莎行》《减字木兰花》等，都是常见的词牌名。曲和词在形式上很相似，因为它们都是依据现有的曲谱来填写不同的歌词，曲牌和词牌很多也是相通的，只是有时候，同样的牌名，写词和写曲时的字数、平仄、韵脚等有一些不同。如《卖花声》，作为词牌名时，又叫《浪淘沙令》，正体（即通行体）全文 54 个字，作为曲牌名时，全文是 36 个字。在我国古代文学史上，词有两个艺术巅峰，一是宋词，一是清词。曲则在元代时发展最盛。

赋就是辞赋，这是一种韵文。这种文体极其追求形式统一、句子对仗、文字押韵，以辞藻华美、气势盛大为优胜。虽然它的形式与诗相近，但并不是诗，而是文。古代朝廷发布的正式文件，比如皇帝的诏书，都要用这种文赋体裁来写，以示庄重。而古代文人若能写出质量上乘的文赋，必然获得各方青睐。成语"洛阳纸贵"，其典故就来自西晋文学家左思写的《三都赋》，左思的这三篇文赋，可以说是震撼了整个西晋文坛，人人传抄，竟导致洛阳纸价上涨，文赋的魅力可见一斑。

格律诗被称为"近体诗"，此外我国古代还有一种诗体是不要求格律的。这种没有格律要求的诗叫作古诗。古诗兴盛于汉代和魏晋时期，其源头在《诗经》，后世也一直存在，称作古风。

另外，古代文学中有一种独特的诗体，名为"楚辞体"，也称"骚体"。楚辞体是战国时期的楚国诗人屈原所开创的文体，得名于屈原的诗歌集《楚辞》。《楚辞》中最重要的诗篇题为《离骚》，因而"离骚""骚"也是楚辞的代名词，并与《诗经·国风》之"风"组合成"风骚"一词，指代文学。楚辞以浪漫主义为特征，先秦楚地文化是其生长的土壤，运用了许多楚地方言，想象瑰奇，语言清丽，情感浓烈，文体成熟，对后世的文学影响极其深远。

从最广义的范围上说，诗可以指所有具备美学意义的艺术形式，不仅包括以文字形式表现的艺术作品，也包括音乐、美术、舞蹈等。一言以蔽之：诗就是美。

1. 巧用姓氏

不计入姓的话，汉语名字一般最多两个字，偶然会有三个字以上的，篇幅本身比较微小，所能形成的词语也相对简单，可选择的空间不大，表现力较弱。如果起名时能利用姓氏，从诗词中选取的字就可以多出一个，能够形成一个短语，会使人名变得生动许多，也更加令人印象深刻。

例如，东汉末年曹操《善哉行》是一首讲述历朝历代贤者仁人善行的诗，其中有"太伯仲雍，王德之仁。行施百世，断发文身"四句，讲的是周朝开创的故事。周朝的始祖是古公亶父，太伯、仲雍分别是古公亶父的长子和次子，他们有个弟弟叫季历。古公亶父想把首领的位置传给季历，但碍于这样做不符合长幼之序，所以迟迟没有宣布。太伯和仲雍看出父亲的想法，便主动离开了周地，远游到当时还是一片蛮荒的江东，在这里创建了吴国。他们走后，季历继承了王位，后来，季历的儿子成为周人首领，他就是周文王姬昌。太伯、仲雍具有谦让的美德，因而被誉为君子、圣贤。"王德之仁"四个字，如搭配王姓，便可完整摘取，形成"王德仁"这个名字，看似平凡，却有着深厚的历史底蕴和文化内涵。

唐代李白《赠友人三首·其二》"凿井当及泉，张帆当济川"，意思是"既然要挖井，就应该挖到地底深处；既然张开了风帆，就应该去横渡大江大河"，这是一句励志的话。"张"字是常见姓氏，同时也是一个动词，是组成动宾短语的必需部分。"张帆"的意思就是航行时展开船帆，这样好风助力，可使航船轻松快捷地行进，达到更远的目的地。所以，从这句诗中可以提取出"张帆"或"张帆济"这样的名字，代表对人生的祝福。

2. 选字成词

在诗词中，适合用于起名的字不一定是相连的，汉字是单音节，每个字自成一体，各自有不同的字义。要形成两个字的名字，有时需要在一整句里挑选合适搭配的字，而被挑选出来的字，又最好能够组成一个词语甚至是短语。这样可以达到"出而化之""化而胜之"的效果。如果两个单字十分优美，即使不能搭配成词，放在一起也很美观优雅，还有让人眼前一亮、回味悠长的感觉。

例如，唐代诗人王维《酬张少府》"松风吹解带，山月照弹琴"，从中选"照""琴"二字，能够组成一个短语式的名字"照琴"，适合女性用名。如果配合"岳"姓，谐音"月"，且字形中有"山"，几乎完美重现了"山月照弹琴"的佳句，"岳照琴"之名便可体现出诗中描绘的超凡脱俗的意境。

唐代诗人李白《登新平楼》"苍苍几万里，目极令人愁"，从中挑选"苍""里"二字组成"苍里"，平仄和谐，音韵悦耳，"苍"有视觉上极目远眺的延伸感，并且能使人联想起远山浓厚深邃的色彩，"里"则显得成熟、稳重、内敛，这是一个很有美学气质的名字。

3. 多子连名

有时一个家庭里不止一个孩子，如果是有计划地准备生二胎三胎，那么给第一个孩子起名时就可以选择那些整句能摘出不止一个名字的诗句或文句，或者是运用整首诗词、整篇文章。

例如，《诗经·小雅·鹿鸣之什·鹿鸣》全文有三段，每段首句都是起兴句，描述的是原野上鹿群边游荡边悠闲地吃野草的自然美好景象，这三句分别是"呦呦鹿鸣，食野之苹""呦呦鹿鸣，食野之蒿""呦呦鹿鸣，食野之芩"，可以提炼出"鹿苹""鹿蒿""鹿芩"三个名字，人们一看便知道这三个名字的出处。

《论语·为政》中记录孔子说过："道之以德，齐之以礼，有耻且格。"意思是"用仁德去引导人民，用礼仪去规范人民，人民就会具备羞耻之心，并且自动地遵守法规"。这里可以提炼出两组关联性很强的名字，一组是"道之""齐之"，另一组是"以德""以礼"。

4. 理解提炼

从诗词文章中选字起名，前提是要理解所采用的诗词文章，看是否符合自己的起名需求。另外，未必一定要照搬原文，也可以根据原文的诗意，作一点提炼、变化，使其更加适用。

例如，唐代王维《观猎》中"回看射雕处，千里暮云平"一句，是描写边关军营生活的诗句，其情绪色彩是豪迈激昂的，但"暮云"一词指黄昏时的云，黄昏的情境又带有深沉、内敛、苍凉的感觉，如果选"暮云"作名，就不能把这首诗的豪放情感置入名字里了，因此，可以提炼一下，如果是"钱"姓，则采用"云平"二字，谐音"千里云平"。

宋代叶梦得《贺新郎》中"无限楼前沧波意，谁采苹（蘋）花寄取？但怅望、兰舟容与，万里云帆何时到？送孤鸿、目断千山阻。谁为我，唱金缕"一段，具有典型的中国古代传统审美特征，从中选音韵含义都合适的字成名，可以得到非常优美典雅的名字，比如楼姓可以选字成"楼沧波"一名，"谁采苹花寄取"，可以成就"寄苹"一名，"怅望、兰舟容与""万里云帆何时到"，可成就"望帆"一名。但是我们需要首先理解，这些词句描述的是一种惆怅思念的心情，有些忧郁，甚至是消极，在这种理解的基础上，才能做出选择，如果不喜欢名字体现出这种比较低回婉转的氛围，就不必采用。

（三）运用诗词文赋起名的原则和禁忌

1. 善用典故

典故是指一些由来已久的典制、掌故、故事，或是历史人物、事件等，也就是可以用短短的几个字包含十分丰富的内容，所以在名字中运用典故，能使名字更加高效地表达出起名意涵。

例如，"沧海桑田"这个典故，也可以称为"沧桑""桑田变""三度扬尘""沧海变桑田"等，这个典故出自东晋葛洪的《神仙传·王远》，意思是神仙寿命无限长，可以看到东海数次变为陆地，人烟繁盛，种满桑树，后又发生变化，复为大海。这是一个蕴含着行星级时空观念的神话故事，反映了我国古代所达到的科学理性水平，同时，这个神话故事里也包含着巨大的时代变迁下个体所体验的浪漫感伤，有浓郁的文学意味。另外，《神仙传·王远》里有两位仙人，一位姓王名远字方平，他曾做过中散大夫这样的高官，博学多识，能预测吉凶，后来弃官修道成仙。王方平得道后曾在一户陈姓人家住了四十多年，这四十多年里，陈家无病无灾，生活富足，可见王方平是可以带来好运的神仙。另一位仙人就是人们很熟悉的麻姑，她是象征长寿的仙女。因此，依据这个典故提炼出的名字，有着十分美好吉祥的寓意。从这个典故中，可以提炼出"沧田""海田"等名字。

反过来说，即使文字优美的典故词语，也可能其用典含有不好的意蕴，如果对其典故出处、意思不熟悉而取用为名，那就很不妥当了。

例如，"南冠"这个词，听音韵、看字形，都很适合作为名字，但是，这个词在典故中有不好的意蕴，典故出自《左传·成公九年》。春秋时期，楚国有一位宫廷乐师名叫钟仪，楚国被郑国打败后，钟仪被俘虏到了郑国，后来又被郑国送给了晋国，囚禁在晋军中。晋侯偶然见到钟仪，便问："那个戴着南冠被拘押的人是谁？"负责人回答说："那是郑人所献的楚国囚徒。"晋侯就让人把钟仪放了，问他身份，他自称伶人、乐官，让他弹琴，他便弹起了楚国的音乐。晋侯问他对楚国国君有什么看法，他只说楚君的好话。晋侯君臣认为钟仪不忘祖国，忠于君主，是个君子，就将他送回了楚国，请他代晋国与楚国修好。整体而言，这个典故可表达对故乡的思念，赞美逆境中不忘祖国，不具有贬义，但"南冠"这个词在故事中指代的意思并不吉祥，南冠就是楚国的冠帽，指楚国囚犯，这个典故也叫"楚囚"，所以用这个词来给儿女起名是不合适的。

2. 顾及语境

从典籍、诗词中起名，不光是看所取用的文字本身的含义与美感如何，还应该看一下这些文字所在的整体段落是什么意思。如果段落所讲述的内容含义并不好，那么从中取出的名字，可能就要贻笑大方了。

例如，《庄子·庚桑楚》中有一段话："志乎期费者，唯贾人也，人见其跂，犹之魁然。"其中"魁然"这个词，"魁"意为高大，"然"是文言文里常用的助词，两字合一用来做名字，看似典雅且很适合男孩子，但这一段话完整的意思是"那些兴趣志向在于追求物欲的人，只不过是些拿自己做买卖的人罢了，别人都可以看到他们拼命踮着脚尖，而他们却自以为高大"。这里所说的"魁然"，实际指贪婪短视之人对自己的粉饰和错觉，并不是真正的夸赞之意。

3. 甄别作者

在我国悠久的文学史中，出过很多有才而无德之人，这些人诗词文赋写得很好，但因其人品低劣，口碑很差，甚至是声名狼藉，这样的人写出来的作品，意蕴本就不太祥和，即使自己不在意，将来别人问名字来由，叫这名字的人也容易陷入尴尬。

例如，初唐时期著名的诗人宋之问，在历史上的行迹很不体面，他"谄事"武后的面首张易之、张昌宗兄弟，媚附武三思和安乐公主，还曾卖友求荣，最终被唐玄宗李隆基赐死。宋之问是初唐最优秀的诗人之一，诗才超群，被元代的诗歌评论家方回誉为"唐律诗之祖"，还说他"诗未尝不佳"，也就是没写过不好的诗，评价非常高，但方回也说，他干的事情"天下丑之"。所以，尽管宋之问笔下佳句如云，如"广庭怜雪净，深屋喜炉温""归来物外情，负杖阅岩耕""公子正邀欢，林亭春未兰""弄琴宽别意，酌醴醉春愁"等，可以说是婉丽清明，文采可喜，但用他的诗句为儿女起名，还是需要慎重。

4. 兼顾现代

从古诗词、古代典籍起名，目的自然是为了取一个有"古意"的名字，使名字具有古典美和传统文化内涵。但是，我们生活在现代社会，使用的是现代汉语，习惯的是现代语言的表达方式，名字如果只有古汉语的含义，会给社交造成麻烦，也有可能影响到个人身份的认证。比如有些古汉字，电脑字库里没有，那么用来起名，使用起来就很不方便了。还有一些词，古代常用而现代基本不用，用来起名也会让他人感到迷惑，甚至造成误解。

　　例如，汉字"觷"，读音为 xué，意思是把兽角加工成器物，还有一个意思是吹角声，读音为 hù。《尔雅注疏》中说"角谓之觷"，就是说，修治兽角的工艺叫作"觷"。从起名的角度，这个字还是很有深意的，因为兽角在古人看来是纯天然质朴之物，而将这种质朴之物制作成为人所用的器具，这个过程宛如将纯真稚子教育培养成对社会有用的栋梁之材。这个字古人常用来起名，如北宋名臣张觷、曾抗击金军的南宋歙州人士钱觷等，但在现代汉语里，"觷"已经不是常用字，能读出来的人应该也不多，因此不适宜用来起名了。

联珠缀玉：诗词文赋
起名实例

（一）《诗经》起名实例

在洲	淑君	君好	中谷	采采	有穋	乐君	斯羽	宜振	桃之
其华	其实	其叶	武城	南乔	之广	之永	于沚	南薇	心夷
南涧	南滨	甘棠	朴樕	白束	棣华	柏舟	威棣	静言	奋飞
燕飞	燕羽	燕音	温惠	淑慎	其跃	凯南	展君	鸣雁	旭始
简舞	万舞	硕人	有榛	有苓	泉淇	静姝	其姝	彤炜	牧归
如山	如河	展如	展人	邦媛	定方	灵雨	淇竹	如锡	如璧
硕宽	芄兰	硕颀	巧倩	盼兮	泉左	淇右	淇舟	松舟	苇杭
伯夋	以琼	永好	陶陶	采葛	采萧	采艾	还粲	于田	于狩
适野	且武	具扬	邦直	英粢	邦彦	静好	知好	舜华	佩琼
舜英	荷华	乔松	既君	青衿	悠悠	子佩	清婉	婉如	婉扬
涣涣	浏清	尚琼	美仁	昌颀	如英	闲闲	清涟	且涟	子硕
见良	见粲	采苓	念君	白露	伊人	有梅	颜丹	有纪	有堂
晨风	郁林	同泽	美淑	与歌	月皎	舒窈	月皓	月照	淑仪
其仪	泉萧	芃芃	黍雨	春阳	载阳	肃霜	东雨	其濛	孔嘉
呦呦	鹿鸣	君则	君效	怀归	彼原	维驹	维骐	既安	且宁
友生	自谷	迁乔	嘤鸣	友声	定尔	百禄	川至	民质	月恒
日升	松茂	尔承	方华	春卉	燕乐	以衎	萧露	允德	令德
北莱	邦基	家光	德茂	有椷	菁莪	乐仪	杨舟	有严	有翼
武定	元戎	既轩	骐翼	玱玱	如霆	如雷	东甫	于苗	其驰
于征	允君	展成	肃羽	中泽	维哲	君鸾	晰晰	有辉	观旂
宗海	勉尔	在谷	如玉	鹤鸣	鹤野	渊渚	攻玉	如竹	如松

斯翼	斯棘	斯革	斯飞	觉楹	维岩	具瞻	骏德	民哲	民肃
民艾	翰飞	奕君	君作	苃木	柔君	君树	维汉	维光	东明
西庚	与与	翼翼	孔惠	孔时	靖与	以雅	以南	嘉卉	祈甘
既庭	既硕	庭硕	有壬	有林	壬林	裳裳	裳华	裳芸	有章
有庆	章庆	乘骆	左宜	右有	莺羽	君乐	之屏	思柔	景行
在藻	依蒲	采芹	殿邦	言章	行周	蓝盈	悠南	既平	既清
维周	维桢	以宁	鉴殷	天载	忱斯	牧野	牧洋	民初	曰止
曰时	械朴	奉璋	倬云	云汉	章天	琢章	岂弟	玉瓒	思齐
思媚	有德	有造	有赫	修之	平之	德明	言言	维枞	维镛
永孝	斯年	骏声	丰垣	维翰	丰苪	以翼	穟穟	实方	实苞
实秀	实坚	实颖	载谋	载惟	维叶	泥泥	维祺	景福	昭明
高朗	宜民	穆宜	宜君	方纲	燕朋	居康	思辑	思光	戈扬
胥原	斯原	既庶	既繁	维玉	维瑶	溥原	斯依	民攸	蔼蔼
凤冈	梧阳	惠国	以谨	柔定	式弘	辞辑	询乌	询茆	维藩
维垣	维屏	维宁	维城	敬渝	昊明	维民	民章	质民	谨度
慎尔	敬尔	菀柔	民瞻	胥谷	维良	弗迪	诵言	维岳	之翰
国蕃	方宣	俶城	锡介	锡圭	邦翰	良翰	有翰	德柔	德惠
德直	诗硕	秉懿	柔嘉	令仪	穆风	奕梁	淑旂	乐韩	燕誉
实埻	武滔	心宁	载宁	于疆	于理	肇戎	如飞	如翰	显承
天穆	显纯	维德	缉熙	靖之	乔岳	明昭	懿夏	竞烈	穰穰
贻牟	来牟	常夏	康年	率农	尔耕	斯容	多黍	宣哲	烈光
亦白	敦琢	维烈	绍庭	显思	佛时	耕泽	驿达	馨宁	於铄
养晦	纯熙	绥邦	定家	绎思	时周	垌野	振鹭	乐芹	乐藻
苃苃	乐茆	实枚	于鲁	舞洋	炽昌	寿富	詹泰	曼硕	猗那
简简	思成	於赫	执恪	天康	丰年	邦民	景河	濬哲	发祥
优优	秉钺	如烈	民严						

《关雎》
——描写男子追求心爱女子之诗[*]

在洲
出处：关关雎鸠，在河之洲。

解说："关关"鸣叫着的雎鸠啊，在河面的沙洲上栖息。

淑君、君好
出处：窈窕淑女，君子好逑。

解说：苗条优雅有淑德的女子，正是君子所要寻觅的婚配佳偶。

《葛覃》
——描写女子出嫁后准备回家探望父母之诗

中谷
出处：葛之覃兮，施于中谷，维叶萋萋。

解说：葛的藤蔓在山谷中四处蔓延，绿叶茂盛。

---

[*]《诗经》句式主要为四言，文辞极为简约，绝大部分诗句的真实含义和感情色彩都需结合其所在诗篇的主题和写作目的来理解，才更为准确。故本书对选自《诗经》用于起名的篇目，特意增加了诗歌主旨方面的说明，以更有利于读者甄选，其余诗文则不再赘述主旨。

《卷耳》

——描写妻子思念身在远方的丈夫之诗

采采

出处：采采卷耳，不盈顷筐。

解说：采卷耳啊，采了又采，采不满一只浅浅的筐。

《樛木》

——祝福君子家庭功业皆有所成、幸福顺遂之诗

有樛（jiū）

出处：南有樛木，葛藟（lěi）累之。

解说：南方有大树，枝条虬而垂，树下生藤蔓，缠绕攀满树。

乐君

出处：乐只君子，福履绥之。

解说：快乐的君子，祝他能得到幸福和利禄。

《螽斯》

——祝福子孙繁盛之诗

斯羽

出处：螽（zhōng）斯羽，诜（shēn）诜兮。

解说：螽斯（蝗虫）振动着翅膀，成千上万，布满天空。

宜振

出处：宜尔子孙，振振兮。

解说：你的子孙像螽斯一样多，家族兴旺发达。

《桃夭》

——为新娘祝福贺喜之诗

桃之、其华

出处：桃之夭夭，灼灼其华。之子于归，宜其室家。

解说：桃树生长多繁茂，桃花开放多娇艳。这女子要嫁人，入了夫家和且顺。

其实

出处：桃之夭夭，有蕡（fén）其实。之子于归，宜其家室。

解说：桃树生长多繁茂，结出桃子大又甜。这女子要嫁人，入了夫家顺且和。

其叶

出处：桃之夭夭，其叶蓁（zhēn）蓁。之子于归，宜其家人。

解说：桃树生长多繁茂，长满叶片绿又多。这女子要嫁人，夫家上下安且康。

《兔罝》

——赞颂公侯身旁的武士之诗

武城

出处：赳赳武夫，公侯干城。

解说：威武雄伟的武士，就像保卫公侯的一座城墙。

《汉广》

——描写男子思慕追求女子而不得之诗

南乔

出处：南有乔木，不可休思。

解说：南方生长着高大的乔木，但人们不能在那树下休息。

之广

出处：汉之广矣，不可泳思。

解说：汉水广阔无边，没办法用游泳的方式渡江。

之永

出处：江之永矣，不可方思。

解说：长江流水长长，没办法驾着竹筏横渡。

《采蘩》

——描写妇女们为了公务而辛苦劳作之诗

于沚

出处：于以采蘩？于沼于沚。

解说：到哪里去采蘩（白蒿）？到沼泽地，在水塘边。

《草虫》

——描写女子思念长年在外的丈夫之诗

南薇

出处：陟彼南山，言采其薇。

解说：登上南山，去采摘鲜嫩的野薇。

心夷

出处：亦既见止，亦既觏（gòu）止，我心则夷。

解说：若是能见到他，若是能遇到他，我的心就会平静下来了。

《采蘋》

——描写少女为祭祀而做准备的情形之诗

南涧、南滨

出处：于以采蘋，南涧之滨。

解说：在哪里采摘水蘋？在南山的溪水旁。

〔诗经·国风·召南〕

《甘棠》

——颂扬和怀念西周开国功臣召（shào）伯之诗

甘棠

出处：蔽芾（fèi）甘棠，勿翦（jiǎn）勿伐，召伯所茇（bá）。

解说：遮蔽烈日的甘棠树，不要砍啊不要伐，召伯曾栖身那树下。

《野有死麕》

——描写男女相爱之诗

朴樕（sù）

出处：林有朴樕，野有死鹿。

解说：林中有细如柴枝的小树，原野上有被打死的野鹿。

白束

出处：白茅纯束，有女如玉。

解说：把这些用白色茅草包裹好，当作礼物送给玉石一般美丽的姑娘。

《何彼襛矣》

——为齐侯之女送嫁的颂歌

棣（dì）华

出处：何彼襛（nóng）矣，唐棣之华。

解说：（新娘）怎么会这般浓艳华美啊，像唐棣所开的花朵一样。

《柏舟》

——抒发贤德之人遭遇排挤而不得不远离的悲情之诗

柏舟

出处：泛彼柏舟，亦泛其流。

解说：乘坐柏木制成的小舟漂荡在河面上，随波逐流。

威棣

出处：威仪棣棣，不可选也。

解说：我威风凛凛，仪表堂堂，绝不会任人算计。

静言、奋飞

出处：静言思之，不能奋飞。

解说：谨慎仔细去思索，难以展翅飞翔。

《燕燕》

——表达依依惜别的情感之诗

燕飞、燕羽

出处：燕燕于飞，差池其羽。

解说：燕子成双在飞翔，翅儿参差不整齐。

燕音

出处：燕燕于飞，下上其音。

解说：燕子成双在飞翔，鸣声上下多变化。

温惠、淑慎

出处：终温且惠，淑慎其身。

解说：性情温柔又仁惠，举动善良又谨慎。

《击鼓》

——士兵感叹久戍之苦之诗

其跃

出处：击鼓其镗，踊跃用兵。

解说：打起军鼓声镗镗，将士们积极练兵忙。

《凯风》

——感念母亲辛苦抚养之恩的诗

凯南

出处：凯风自南，吹彼棘心。

解说：南方吹来温暖的风，吹动了酸枣树上新生的叶芽。

《雄雉》

——妇人思念自己在外执行公务的丈夫之诗

展君

出处：展矣君子，实劳我心。

解说：那位忠诚老实的君子啊，实在是令我劳心费神。

《匏有苦叶》
——描写女子等待未婚夫前来迎娶自己的心情的诗歌

鸣雁、旭始
出处：雍雍鸣雁，旭日始旦。

解说：大雁发出"雍雍"的鸣叫声，朝阳升起，带来黎明。

《简兮》
——赞美表演盛大歌舞的舞者的诗歌

简舞、万舞
出处：简兮简兮，方将万舞。

解说：鼓声响起，鼓声响起，宏伟的"万舞"表演就要开始。

硕人
出处：硕人俣俣（yǔ），公庭万舞。

解说：那人身材高大很魁梧，在公侯庭前跳起了"万舞"。

有榛（zhēn）、有苓（líng）
出处：山有榛，隰有苓。云谁之思？西方美人。

解说：山上有榛树，水原上有苍耳。所思所念的人是谁？是那西方来的俊美之人。

《泉水》

——抒发思乡而不得归之情的诗歌

泉淇

出处：毖彼泉水，亦流于淇。

解说：故乡（卫国）的那条泉水河奔涌着，又流到了淇水的河道里。

《静女》

——描写情侣相会情景之诗

静姝（shū）、其姝

出处：静女其姝，俟我于城隅。

解说：娴静女子貌美如花，她约我在城墙角落处相见。

彤炜（wěi）

出处：彤管有炜，说怿女美。

解说：红色的管草鲜亮有光，我真是喜爱你的美丽。

牧归

出处：自牧归荑，洵美且异。

解说：从郊外牧野采来荑草送我，这荑草实在美好，还很奇异。

《君子偕老》

——含蓄讽刺了卫宣夫人宣姜品行不端，同时也赞叹她的华贵和美貌之诗

如山、如河

出处：委委佗佗（tuó），如山如河，象服是宜。

解说：步履端庄身姿正，像山稳重像河流淌，绣花礼服很适宜。

展如、展人、邦媛

出处：展如之人兮，邦之媛也。

解说：此人这样美貌啊，正是国中的绝色美人。

《定之方中》

——赞颂卫文公迁都重建卫国功绩之诗

定方

出处：定之方中，作于楚宫。

解说：定星闪亮于正南天空，预兆可以营造，于是开始在楚丘兴建宗庙。

灵雨

出处：灵雨既零，命彼倌人。

解说：吉祥的雨已经洒落，向驾驶车马的马倌下达了指令。

《淇奥》

——赞美君子之诗

淇竹

出处：瞻彼淇奥，绿竹猗猗。

解说：遥望淇水的曲岸，绿竹丛生，美好茂盛。

如锡、如璧

出处：有匪君子，如金如锡，如圭如璧。

解说：文采斐然的君子，像金和锡能锤炼成器，像玉圭和玉璧品质精纯。

《考槃》

——抒发隐逸生活的愉悦快乐之诗

硕宽

出处：考槃在涧，硕人之宽。

解说：在山涧旁建起了小木屋，贤良的隐者啊，在这里住着很宽敞。

《芄兰》

——描写了一个贵族儿童的模样

芄（wán）兰

出处：芄兰之支，童子佩觿（xī）。

解说：芄兰草上结尖荚，童子身上佩骨觿。

《硕人》

——歌颂卫庄公的妹妹庄姜容貌和品质之诗

硕颀（qí）

出处：硕人其颀，衣锦褧（jiǒng）衣。

解说：美人身材高挑，穿着锦衣麻袍（锦衣内穿，麻衣外罩，是古时候女子出嫁时的装束）。

巧倩、盼兮

出处：巧笑倩兮，美目盼兮。

解说：甜美笑容酒窝现啊，俊秀双眸真分明啊。

《竹竿》

——描写远嫁的卫国女子思念故乡之诗

泉左、淇右

出处：泉源在左，淇水在右。

解说：泉源在都城朝歌的北方，淇水则在南。

淇舟、松舟

出处：淇水滺滺（yōu），桧楫松舟。

解说：淇水流水悠悠过，桧木、松木制成的小舟在河上。

《河广》

——描写移居卫国的宋国人怀念家乡

苇杭

出处：谁谓河广，一苇杭之。

解说：谁说黄河宽而广，有一条苇草筏子，我就能渡河。

《伯兮》

——描写妻子怀念为国出征的丈夫之诗

伯殳（shū）

出处：伯也执殳，为王前驱。

解说：我的夫君手持长殳，为王作战任先锋。

《木瓜》

——描写青年男女互赠信物表白爱慕之情的诗歌

以琼

出处：投我以木瓜，报之以琼琚。

解说：她将木瓜抛掷给我，我便将我的玉饰回赠给她。

永好

出处：匪报也，永以为好也。

解说：这不是为了报答她的馈赠，而是跟她相约永远相好。

《君子阳阳》

——描写夫妻和乐共舞景象之诗

陶陶

出处：君子陶陶，左执翿（dào），右招我由敖，其乐只且！

解说：夫君心情乐陶陶，左手持羽毛，右手朝我招，一起跳起了鷙夏舞，快乐得不得了！

《采葛》

——抒发怀念之情（所怀念的可能是爱人，也可能是挚友）之诗

采葛

出处：彼采葛兮，一日不见，如三月兮！

解说：那采收葛藤的人啊，我一天没有见到他（她），就像分离了三个月一样！

采萧

出处：彼采萧兮，一日不见，如三秋兮！

解说：那个采摘香蒿的人啊，我一天没有见到他（她），就像分离了九个月一样！

采艾

出处：彼采艾兮，一日不见，如三岁兮！

解说：那个采摘艾草的人啊，我一天没有见到他（她），就像分离了三年一样！

《缁衣》

——描写女子向男子赠送官服表达爱意之诗

还粲

出处：还，予授子之粲兮。

解说：你回来时，我会给你一件漂漂亮亮的新衣服。

《叔于田》

——表达对一位被称作"叔"的年轻英俊的猎人的爱慕之情的诗歌

于田

出处：叔于田，巷无居人。

解说：叔去打猎了，巷子里就像没有人住一样冷清。

于狩

出处：叔于狩，巷无饮酒。

解说：叔去狩猎了，巷子里就像没有人宴会饮酒一样寂静。

适野

出处：叔适野，巷无服马。

解说：叔去了郊野，巷子里就像没有了善于骑马的人。

且武

出处：不如叔也，洵美且武。

解说：（那些人）都比不上叔，叔实在是俊美勇武。

《大叔于田》
——表达对"叔"的爱慕，同时描写"叔"狩猎时壮观场面之诗

具扬
出处：叔在薮，火烈具扬。

解说：叔在野草繁茂的地方，驱赶野兽的烈火升扬。

《羔裘》
——赞美一位品行出众的官员之诗

邦直
出处：彼其之子，邦之司直。

解说：这样的一个人，是邦国里主持正义的官员。

英粲
出处：羔裘晏兮，三英粲兮。

解说：羔羊袄子好鲜亮啊，强硬、宽容、公正，这三种美德都具备啊。

邦彦
出处：彼其之子，邦之彦兮。

解说：这样的一个人，是邦国的俊杰之士啊。

《女曰鸡鸣》
——描写夫妻日常生活美好之诗

静好

出处：琴瑟在御，莫不静好。

解说：我们一起弹琴鼓瑟，这样的日子宁静美好。

知好

出处：知子之好之，杂佩以报之。

解说：知道你对我的好情义，送你杂锦玉佩以为回报。

《有女同车》
——男子表达对身旁女子倾慕之情的诗歌

舜华

出处：有女同车，颜如舜华。

解说：姑娘与我同乘，她的容貌仿佛花一般。

佩琼

出处：将翱将翔，佩玉琼琚。

解说：她体态轻盈如飞鸟，美玉饰物身上佩。

舜英

出处：有女同行，颜如舜英。

解说：姑娘与我同行，她的容貌好像花一样。

《山有扶苏》

——恋爱中的男女嬉笑打趣之诗

荷华

出处：山有扶苏，隰有荷华。

解说：山上长着扶苏，水原上开着荷花。

乔松

出处：山有乔松，隰有游龙。

解说：山上长着高高的松树，水原上开着马蓼花。

《风雨》

——描写女子与爱人相逢时的喜悦之情的诗歌

既君

出处：既见君子，云胡不夷。

解说：现在看见了君子您，我还有什么可心神不宁呢。

《子衿》

——描写女子爱慕思念年轻读书人的心情之诗

青衿（jīn）、悠悠

出处：青青子衿，悠悠我心。

解说：颜色青青的你的衣领，念念不忘的我的心。

子佩

出处：青青子佩，悠悠我思。

解说：颜色青青的你的玉佩带，念念不忘的我的思绪。

《野有蔓草》

——描写男女邂逅而一见钟情之诗

清婉

出处：有美一人，清扬婉兮。

解说：有一位美丽的姑娘，眉目秀丽真美好。

婉如、婉扬

出处：有美一人，婉如清扬。

解说：有一位美丽的姑娘，眉目清丽真美好。

《溱洧》

——描写郑国的贵族男女上巳节前往水边游玩情景之诗

涣涣

出处：溱（zhēn）与洧（wěi），方涣涣兮。

解说：溱水和洧水，河水流势很浩大啊。

浏清

出处：溱与洧，浏其清矣。

解说：溱水和洧水，河水流淌好清澈啊。

《著》

——春秋时期齐国的婚礼不举行亲迎礼，故新郎只在家中等待新娘前来，这首诗就是描写新娘见到新郎时的幸福心情

尚琼

出处：俟我于著乎而，充耳以素乎而，尚之以琼华乎而。

解说：（他）等待我在那门与屏风之间，充耳（当时男子的一种耳饰）系着素白丝，缀上美玉显华贵啊。

〔诗经·国风·齐风〕

《卢令》

——赞美一位外表健美、内心高尚的猎人之诗

美仁

出处：卢令令，其人美且仁。

解说：猎犬脖铃"令令"响，那人长得俊美且心仁善。

《猗嗟》

——赞美一位射艺高超的美男子之诗

昌颀

出处：猗嗟昌兮，颀而长兮。

解说：哎呀容颜荣盛健美啊，身材高大修长啊。

《汾沮洳》

——赞美一位人品远在其他贵族子弟之上的年轻男子之诗

如英

出处：彼其之子，美如英。

解说：就是那位年轻人，人品美好像花朵。

《十亩之间》

——采桑少女出外劳作结束时唱的小调

闲闲

出处：十亩之间兮，桑者闲闲兮，行与子还兮。

解说：十亩桑田里，采桑女已闲，走吧，我跟你一起回家去呀。

《伐檀》

——伐木工所唱的讽刺权贵的歌

清涟、且涟

出处：坎坎伐檀兮，置之河之干兮，河水清且涟猗。

解说：斧声"坎坎"伐檀树，木材放在河岸边，河水清澈泛波涟。

《椒聊》

——赞美女子如花椒结出累累籽实般多生多育之诗

子硕

出处：彼其之子，硕大无朋。

解说：就是那个女子所生的儿子啊，身材高大世无双。

《绸缪》

——祝贺新婚之歌

见良

出处：今夕何夕，见此良人。

解说：这夜是怎样的好夜，能见到如此优秀的人。

见粲

出处：今夕何夕，见此粲者。

解说：这夜是怎样的好夜，能见到这样美丽的人。

《采苓》

——劝人勿听信谗言之诗

采苓

出处：采苓采苓，首阳之巅。

解说：采摘甘草，采摘甘草，在首阳山的顶峰上。

《小戎》

——妻子思念随国君征伐西戎的丈夫之诗

念君

出处：言念君子，温其如玉。

解说：心心念念我的夫君，他温和得就像美玉一样。

《蒹葭》

——思慕某人之诗

白露

出处：蒹葭苍苍，白露为霜。

解说：未老芦苇色青青，白露凝成如雪霜。

伊人

出处：所谓伊人，在水一方。

解说：我心中所想的那一位，就在河上的某个地方。

《终南》

——劝诫秦襄公之诗

有梅

出处：终南何有，有条有梅。

解说：终南山上有什么，有山楸，有山梅。

颜丹

出处：颜如渥丹，其君也哉？

解说：那容颜红润似涂朱的，是我们的君主吗？

有纪、有堂

出处：终南何有，有纪有堂。

解说：终南山上有什么，有杞树，有甘棠。

《晨风》

——思念某人之诗，晨风是一种猛禽的名字

晨风、郁林

出处：鴥（yù）彼晨风，郁彼北林。

解说：振翅疾飞的晨风鸟，停留在北边郁郁葱葱的树林里。

《无衣》

——描写军中士兵们深厚情谊的战歌

同泽

出处：岂曰无衣？与子同泽。

解说：怎能说你没有衣裳呢？我的襗（zé）衣（内衣）就是你的。

《东门之池》
——男子向心仪女子表白之诗

美淑、与歌

出处：彼美淑姬，可与晤歌。

解说：那美丽善良的小公主，我可以与她对歌。（姬指的是姓姬的女子，姬是周朝国姓，姬姓女子便是周王室之女。）

《月出》
——月下怀人之诗

月皎

出处：月出皎兮，佼人僚兮。

解说：月亮出来光皎洁啊，那俊俏的人真美啊。

舒窈

出处：舒窈纠兮，劳心悄兮。

解说：缓步轻盈又婀娜啊，想她使我心愁苦啊。

月皓

出处：月出皓兮，佼人懰（liǔ）兮。

解说：月亮出来光皓明啊，那俊俏的人真好看啊。

月照

出处：月出照兮，佼人燎兮。

解说：月亮出来光照耀啊，那俊俏的人真爽朗啊。

《鸤鸠》
——为某位君子所唱的颂歌

淑仪、其仪

出处：淑人君子，其仪一兮。

解说：善良贤德的君子，始终保持着完美的仪容。

《下泉》
——怀念周朝强盛时代之诗

泉萧

出处：冽彼下泉，浸彼苞萧。

解说：清冽寒泉出地下，浸透了丛生的艾蒿草。

芃芃、黍雨

出处：芃芃黍苗，阴雨膏之。

解说：繁茂的黍苗长得好，阴雨绵绵滋润它。

〔诗经·国风·豳风〕

《七月》

——讲述一年农业生产劳作之诗

春阳、载阳

出处：春日载阳，有鸣仓庚。

解说：春天太阳照得暖，黄莺鸟儿枝头唱。

肃霜

出处：九月肃霜，十月涤场。

解说：九月初霜秋高爽，十月扫净晒谷场。

《东山》

——描写周朝将士东征已久归家心切的心情之诗

东雨、其濛

出处：我来自东，零雨其濛。

解说：我从东方归来，天色蒙蒙下着小雨。

《破斧》

——歌颂周公东征之诗

孔嘉

出处：哀我人斯，亦孔之嘉。

解说：周公对平民百姓心怀怜悯，大人的恩德实为可嘉。

《鹿鸣》
——周王与大臣宴饮时的歌

呦呦、鹿鸣

出处：呦呦（yōu）鹿鸣，食野之苹。

解说：那鹿鸣声呦呦，呼叫彼此去吃原野上的苹草。

君则、君效

出处：视民不恌，君子是则是效。

解说：（我所宴请的好宾客）向人民展示的形象绝不轻佻，是君子们学习的好榜样。

《四牡》
——外出公干的人思家之诗

怀归

出处：岂不怀归？王事靡盬（gǔ），我心伤悲。

解说：怎么能不想回家呢？可是公事干不完，我心里好悲伤。

《皇皇者华》
——外出寻访民情的大臣记述自己的工作和感想之诗

彼原

出处：皇皇者华，于彼原隰。

解说：鲜亮的花儿开放了，在那原野和湿地上。

维驹

出处：我马维驹，六辔如濡。

解说：我的马真是骏马，套住它们的六条缰绳亮晶晶。

维骐

出处：我马维骐，六辔如丝。

解说：我的马真是矫健，套住它们的六条缰绳像丝线一样。

《常棣》
——家中兄弟宴饮之诗

既安、且宁

出处：丧乱既平，既安且宁。

解说：丧乱的祸事已经平息，我们的生活既平安又宁静。

友生

出处：虽有兄弟，不如友生。

解说：虽然有亲族的兄弟，比不上朋友感情亲近。

《伐木》
——与亲朋宴饮之诗

自谷、迁乔
出处：出自幽谷，迁于乔木。

解说：从幽深山谷飞出来，飞到高高的树顶上。

嘤鸣、友声
出处：嘤其鸣矣，求其友声。

解说：（鸟儿）嘤嘤鸣叫不停，是为了寻求朋友的回应。

《天保》
——臣为君主所献的赞歌

定尔
出处：天保定尔，亦孔之固。

解说：上天保佑您平安，又令您地位很牢固。

百禄
出处：罄无不宜，受天百禄。

解说：一切的一切都合适，受天所降福禄多。

川至
出处：如山如阜，如冈如陵，如川之方至，以莫不增。

解说：像高峻山丘一样，像山岗丘陵一样，像大河之水盛势而来，没有什么不是增长的。

民质

出处：民之质矣，日用饮食。

解说：人民是多么质朴，只要每天饮食有保障就满足了。

月恒、日升

出处：如月之恒，如日之升。

解说：像新月一样，像旭日一样（处于未满的状态，朝着更高的阶段发展）。

松茂、尔承

出处：如松柏之茂，无不尔或承。

解说：像松柏一般茂盛，您将承接一切福寿。

《出车》
——记述和颂扬西周大臣南仲出征战绩之诗

方华

出处：昔我往矣，黍稷方华。

解说：当初我离家出征时，黍、稷刚刚开花。

春卉

出处：春日迟迟，卉木萋萋。

解说：春天的白昼特别漫长，草木生得郁郁葱葱。

《南有嘉鱼》
——赞美贵族宴会丰盛欢乐之诗

燕乐

出处：君子有酒，嘉宾式燕以乐。

解说：君王席间备下美酒，好宾客们举杯宴饮好快乐。

以衎（kàn）

出处：君子有酒，嘉宾式燕以衎。

解说：君王席间备下美酒，好宾客们举杯宴饮真欢乐。

《蓼萧》
——诸侯歌颂天子之诗

萧露

出处：蓼彼萧斯，零露湑（xǔ）兮。

解说：那高高的香蒿，凝结了晶莹的露珠。

《湛露》
——天子宴请群臣之诗

允德、令德

出处：显允君子，莫不令德。

解说：光明磊落有诚信的君子们，都具备美好的品德。

《南山有台》
——祝贺周王得贤者相助之诗

北莱

出处：南山有台，北山有莱。

解说：南山上生长着莎草，北山上生长着藜蒿。

邦基

出处：乐只君子，邦家之基。

解说：那快乐的贤德君子啊，是国家的基石。

家光

出处：乐只君子，邦家之光。

解说：那快乐的贤德君子啊，是国家的荣光。

德茂

出处：乐只君子，德音是茂。

解说：那快乐的贤德君子啊，美名盛传处处扬。

有楰（yú）

出处：南山有枸，北山有楰。

解说：南山生长着阳桃，北山生长着苦楸树。

《菁菁者莪》
——赞美文教盛况之诗

菁莪（é）
出处：菁菁者莪，在彼中阿。
解说：茂盛的莪蒿，生长在高山之中。

乐仪
出处：既见君子，乐且有仪。
解说：见到了那贤良君子，他心情喜乐并以礼仪相待。

杨舟
出处：泛泛杨舟，载沉载浮。
解说：水面上的杨木舟，在波浪中荡漾起伏。

《六月》
——赞美周宣王大臣尹吉甫北伐功绩之诗

有严、有翼
出处：有严有翼，共武之服。
解说：军中严肃又谨慎，勠力同心征伐事。

武定
出处：共武之服，以定王国。
解说：勠力同心征伐事，为保君与国安宁。

元戎

出处：元戎十乘，以先启行。

解说：巨大战车有十辆，排头冲开敌布阵。

既轩

出处：戎车既安，如轻如轩。

解说：战车已经安全，车身前后都很稳健。

《采芑》

——赞美周宣王大臣方叔南征功绩之诗

骐翼

出处：方叔率止，乘其四骐，四骐翼翼。

解说：方叔率队出征，驾驭四匹骏马，四匹骏马多么矫健。

玱玱

出处：方叔率止，约軧（dǐ）错衡，八鸾玱玱。

解说：方叔率队出征，轮毂包裹皮饰，车上横木涂金，八只鸾铃响"玱玱"。

如霆、如雷

出处：戎车啴啴（tān），啴啴焞焞（tūn），如霆如雷。

解说：军车行进声"啴啴"，"啴啴"声众气势壮，像是雷霆响彻天。

66

《车攻》
——记述周宣王与诸侯田猎之事的诗歌

东甫
出处：东有甫草，驾言行狩。

解说：东方园圃芳草茂盛，驾驭马车前去狩猎。

于苗
出处：之子于苗，选徒嚣嚣。

解说：宣王率人去狩猎，清点兵卒声喧嚣。

其驰
出处：不失其驰，舍矢如破。

解说：马儿们奔驰有节度，每发一箭必射中。

于征
出处：之子于征，有闻无声。

解说：君王率领大家田猎，各部人马安静不喧哗。

允君、展成
出处：允矣君子，展也大成。

解说：这位诚信的君子，确实将有大成就。

《鸿雁》

——讲述周王遣使救济流民之事的诗歌

肃羽

出处：鸿雁于飞，肃肃其羽。

解说：大雁飞翔在天空，羽翼振动声"肃肃"。

中泽

出处：鸿雁于飞，集于中泽。

解说：大雁飞翔在天空，落地休息在水泽中。

维哲

出处：维此哲人，谓我劬（qú）劳。

解说：那明晓事理的人，说我辛勤劳苦。

《庭燎》

——记述周王清晨与报时官的对话，展现周王勤政之诗

君鸾

出处：君子至止，鸾声将将。

解说：公卿大臣们就要来到，车驾鸾铃响"锵锵"。

晣晣

出处：夜未艾，庭燎晣晣。

解说：夜色还未消退，庭院里火烛通明。

有辉

出处：夜乡晨，庭燎有辉。

解说：夜晚将尽向黎明，庭院里火烛仍辉耀。

观旂（qí）

出处：君子至止，言观其旂。

解说：公卿大臣们就要来到，他们的仪仗旗帜已可见。

《诗经·小雅·鸿雁之什》

《沔水》

——感怀身世、劝诫他人不要听信谗言之诗

宗海

出处：沔（miǎn）彼流水，朝宗于海。

解说：条条河流水涨满，如臣朝君向大海。

《白驹》

——挽留、惜别友人之诗

勉尔

出处：慎尔优游，勉尔遁思。

解说：劝诫你不要追求安逸生活，劝勉你不要有避世的态度。

在谷

出处：皎皎白驹，在彼空谷。

解说：毛色光洁的小白马，在那幽深山谷中。

如玉

出处：生刍一束，其人如玉。

解说：青草一把可喂马，那人品格美如玉。

《鹤鸣》

——描绘美好的田园隐逸风光之诗

鹤鸣、鹤野

出处：鹤鸣于九皋（gāo），声闻于野。

解说：白鹤鸣叫在大沼泽，清亮之声四野可闻。

渊渚

出处：鱼潜在渊，或在于渚。

解说：鱼儿深潜在水底，偶尔浮在小洲畔。

攻玉

出处：他山之石，可以攻玉。

解说：别的山上的石头，能够用来雕琢成玉器。

《斯干》
——赞美周王新建宫室之诗

如竹、如松

出处：如竹苞矣，如松茂矣。

解说：竹子青翠一丛丛，松树生得很茂盛。

斯翼、斯棘、斯革、斯飞

出处：如跂（qí）斯翼，如矢斯棘，如鸟斯革，如翚（huī）斯飞，君子攸（yōu）跻（jī）。

解说：宫殿挺立方方正正，屋舍整齐好像射出的箭矢，屋顶如大鸟展开双翼，建筑金碧辉煌像美丽的锦鸡，君王登上台阶满心欢喜。

觉楹

出处：殖殖其庭，有觉其楹。

解说：平整宽阔的庭院，高大笔直的楹柱。

《节南山》

——周朝大臣指责当政的尹氏施政不仁之诗

维岩

出处：节彼南山，维石岩岩。

解说：高峻的终南山，累累岩石一层层。

具瞻

出处：赫赫师尹，民具尔瞻。

解说：权威显赫的太师尹氏，人民都在仰望着你。

《雨无正》

——大夫劝谏周幽王之诗

骏德

出处：浩浩昊天，不骏其德。降丧饥馑，斩伐四国。

解说：浩渺的苍天啊，不增长您的德行。天降饥荒灾难，还让四方战乱不断。

《小旻》

——周朝官吏批判周幽王之诗

民哲、民肃、民艾

出处：民虽靡膴（hū），或哲或谋，或肃或艾。

解说：虽然小国之民不富足，却也有聪明人，有能谋事之人，有人恭谨有人善治。"艾"同"乂"，意为"治理"，读音为 yì，但用于名字不必拘泥。

《小宛》
——乱世中兄弟相互劝勉之诗

翰飞

出处：宛彼鸣鸠，翰飞戾天。

解说：那鸣叫不止的小斑鸠，一飞冲到高天上。

《巧言》
——大夫批评当政者听信谗言之诗

奕君、君作

出处：奕奕寝庙，君子作之。

解说：高大巍峨的宫殿宗庙，都是君子所建造。君子指的是身在君位上的人。

荏（rěn）木、柔君、君树

出处：荏染柔木，君子树之。

解说：柔弱的树木，都是君子所栽种。

《大东》
——西周中晚期东方诸侯国大夫因疲于征役而表达不满之诗

维汉、维光

出处：维天有汉，监亦有光。

解说：天上星空一道银河，在镜子里反射着光。

东明、西庚

出处：东有启明，西有长庚。

解说：（金星）初升东天名启明，落于西天名长庚。

《楚茨》
——周王祭祀祖先之诗

与与、翼翼

出处：我黍与与，我稷翼翼。

解说：我们的黍子生长多茂盛，我们的稷子生长多整齐。

孔惠、孔时

出处：孔惠孔时，维其尽之。

解说：祭祀仪式顺利完善，只有我们的君王才能尽此之美。

《小明》

——官员久困于在外奔波的公务而抒发不满之诗

靖与

出处：嗟尔君子，无恒安处！靖共尔位，正直是与。

解说：叹息啊，你们这些君子，不要总是安享清闲！你们要忠于职守，多与正直的人在一起。

《鼓钟》

——赞美周朝音乐之美之诗

以雅、以南

出处：以雅以南，以籥（yuè）不僭（jiàn）。

解说：配合雅乐和南乐，用籥来配合不会使音律错乱。雅乐、南乐指乐调《二雅》《二南》，籥，假借为"龠"，是一种古代乐器，形如排箫。

《四月》

——被放逐的大臣抒发悲愤之诗

嘉卉

出处：山有嘉卉，侯栗侯梅。

解说：山上有美好的草木，还有栗树和梅树。

75

《甫田》
——周王祭祀祈福之诗

祈甘

出处：以祈甘雨，以介我稷黍，以穀我士女。

解说：祈求甘甜雨水落下，助我的稷子和黍子茂盛生长，养育我的男女子民。

《大田》
——记述农事之诗

既庭、既硕、庭硕

出处：播厥百谷，既庭且硕，曾孙是若。

解说：播种了各种庄稼，样样都生得挺拔又硕大，周王对此感到称心顺意。曾孙即周王对先祖的自称。

《宾之初筵》
——卫武公劝诫周幽王勿过度饮酒之诗

有壬、有林、壬林

出处：百礼既至，有壬有林。

解说：各种礼仪都已齐备，规模盛大而不乱。

《裳裳者华》
——周王嘉许诸侯之诗

裳裳、裳华
出处：裳裳者华，其叶湑兮。

解说：花朵开放多明艳，花下叶子也茂盛。

裳芸
出处：裳裳者华，芸其黄矣。

解说：花朵开放多明媚，黄花灿灿好繁盛。

有章、有庆、章庆
出处：维其有章矣，是以有庆矣。

解说：（那些君子）知书识礼懂法度，所以总有吉祥好事发生。

乘骆
出处：我觏君子，乘其四骆。

解说：我见到各位君子，驾驭着四匹黑鬃黑尾的白马而来。

左宜、右有
出处：左之左之，君子宜之。右之右之，君子有之。

解说：左边来人辅佐我，君子适合做此事。右边来人辅佐我，君子正是我所有。

《桑扈》

——周天子为诸侯设宴之诗

莺羽

出处：交交桑扈，有莺其羽。

解说：桑扈鸟"交交"鸣叫，羽毛斑驳有文采。

君乐

出处：君子乐胥，受天之祜。

解说：君子是多么快乐，得到了上天的赐福。

之屏

出处：之屏之翰，百辟为宪。

解说：你是屏障，是栋梁，诸侯们都以你为榜样。

思柔

出处：兕觥其觩，旨酒思柔。

解说：犀角酒杯弯弯角，内有美酒味绵柔。

《车舝》

——迎娶新娘之诗

景行

出处：高山仰止，景行行止。

解说：高高的山峦我仰望，平坦的大路我行走。

《鱼藻》

——讲述周王在镐京日常生活之诗

在藻、依蒲

出处：鱼在在藻，依于其蒲。

解说：鱼儿在水藻间游来游去，依傍着水中的蒲草。

《采菽》

——讲述诸侯觐见周王并获赏赐之诗

采芹

出处：觱（bì）沸槛泉，言采其芹。

解说：在奔涌而出的多股泉水边，采摘鲜嫩的水芹菜。

殿邦

出处：乐只君子，殿天子之邦。

解说：君子们多么快乐，为天子保卫着各地的邦国。"君子"即指诸侯。

《都人士》

——赞美、怀念西周贵族风度仪态之诗

言章

出处：其容不改，出言有章。

解说：仪容外表没有改变，说出的话有文采。

79

行周

出处：行归于周，万民所望。

解说：当他回到周的旧都，百姓们都将他仰望。

《采绿》

——女子思念新婚丈夫之诗

蓝盈

出处：终朝采蓝，不盈一襜（chān）。

解说：一整天都在采摘蓝草，采了一兜都不到。

《黍苗》

——讲述周宣王时召伯建造谢城之诗

悠南

出处：悠悠南行，召伯劳之。

解说：前往南方的道路悠长，召伯慰劳了服役的官兵。

既平、既清

出处：原隰（xí）既平，泉流既清。

解说：平原洼地都已平整，泉水河流都已浚清。

《文王》

——歌颂周文王业绩之诗

维周、维桢

出处：王国克生，维周之桢。

解说：我们的王国能生出这么多英雄豪杰，他们成为周的栋梁。

以宁

出处：济济多士，文王以宁。

解说：人才众多又严整，文王因此得安宁。

鉴殷

出处：宜鉴于殷，骏命不易。

解说：应该以商朝的灭亡为教训，周朝盛运永不移。

天载

出处：上天之载，无声无臭。

解说：上天之事有定数，无声无味难捉摸。

《大明》

——讲述周朝创立前后国史之诗

忱斯

出处：天难忱斯，不易维王。

解说：天命是无常的，做君王不能轻慢敷衍。"忱"是相信的意思。

牧野、牧洋

出处：牧野洋洋，檀车煌煌。

解说：在牧野这个辽阔的战场上，檀木做成的战车闪闪发亮。

《绵》

——颂扬周室始祖古公亶（dàn）父开创周王朝基业之诗

民初

出处：绵绵瓜瓞（dié），民之初生，自土沮漆。

解说：瓜藤上连绵不断地长出新瓜，周的子民开始繁衍，从土水迁移来到漆水畔。

曰止、曰时

出处：爰始爰谋，爰契我龟，曰止曰时，筑室于兹。

解说：众人商量又谋划，刻龟求卜问吉凶，卜卦说此可定居，大家便将房屋建。

《棫朴》

——颂扬周文王君臣之诗

棫（yù）朴

出处：芃芃棫朴，薪之槱（yǒu）之。

解说：繁茂的棫树和朴树，枝条可以点燃祭祀用。

奉璋

出处：奉璋峨峨，髦（máo）士攸宜。

解说：手捧璋圭盛衣冠，英俊之士很适宜。

倬（zhuō）云、云汉、章天

出处：倬彼云汉，为章于天。

解说：那条银河正高悬，画出星彩在天空。

琢章

出处：追琢其章，金玉其相。

解说：精心雕琢其外表，内在修为如金玉。

《旱麓》

——赞美周文王祭祀先祖而得到赐福之诗

岂弟

出处：岂弟君子，干禄岂弟。

解说：愉悦而和顺的君子，愉悦而和顺地祈求赐福。君子指周文王。

玉瓒（zàn）

出处：瑟彼玉瓒，黄流在中。

解说：晶莹洁净的玉酒壶，高贵美酒盛于其中。黄流指的是秬（jù）鬯（chàng），一种用黑黍米酿成的酒，另一说是黑黍米混合郁金草汁酿成，是皇帝用来赏赐重臣所用的一种酒。

《思齐》
——赞美周文王家庭美满之诗

思齐、思媚

出处：思齐大任，文王之母，思媚周姜，京室之妇。

解说：大任端庄，那是文王的母亲，周姜美好，那是周室的正妻。大任亦称太任，周文王之母，周姜是周文王之妻。

有德、有造

出处：肆成人有德，小子有造。

解说：成年的人都有好品德，少年人也可建功立业。

《皇矣》
——歌颂周王朝先祖功业之诗

有赫

出处：皇矣上帝，临下有赫。

解说：英明的皇天上帝，光明耀眼俯视人间。

修之、平之

出处：修之平之，其灌其栵（liè）。

解说：修剪、平整那些树木，让灌木生长出新的枝条。

德明

出处：貊（mò）其德音，其德克明。

解说：清静的美德到处传扬，他的德行能够明辨是非。

言言

出处：临冲闲闲，崇墉言言。

解说：临车、冲车规模盛大，崇国的城墙高大巍峨。临、冲都是古代战车的战法。崇国是商的盟国。

《灵台》
——歌颂周文王建造灵台之诗

维枞（cōng）、维镛

出处：虡（jù）业维枞，贲鼓维镛。

解说：悬挂乐器的木架已经搭建好，大钟大鼓也已挂上。"枞"是挂钟、鼓、磬的乐器架子上的一排锯齿，也叫"崇牙"；"镛"是作为乐器的大钟。

《下武》
——赞美周武王继承周室先祖功业之诗

永孝

出处：永言孝思，孝思维则。

解说：永远顺从于祖先之道，顺从先王之道就是法则。

斯年

出处：於万斯年，受天之祜（hù）。

解说：周王享寿万年，受到上天福祐。

《文王有声》

——歌颂文王、武王两代周王伐纣功业之诗

骏声

出处：文王有声，遹（yù）骏（jùn）有声。

解说：文王有声望，有着好名声。

丰垣

出处：王公伊濯，维丰之垣。

解说：文王的功业多彰显，就像丰邑的高城墙。

维翰

出处：四方攸（yōu）同，王后维翰。

解说：四方的诸侯都来到丰邑，文王让他们成为支撑天下的栋梁。

丰芑（qǐ）

出处：丰水有芑，武王岂不仕。

解说：丰水边长满芑草，武王岂能放下政事去游玩。芑草，即水芹菜。

以翼

出处：诒厥孙谋，以燕翼子。

解说：将好谋略留给后代子孙，像燕子护住了小雏燕。

《生民》
——记述周王朝历史之诗

穟穟（suì）

出处：禾役穟穟，麻麦幪幪，瓜瓞唪唪（fěng）。

解说：谷穗大得垂下头，麻麦茂密不透风，藤上小瓜瓜连瓜。

实方、实苞

出处：实方实苞，实种实褎（xiù）。

解说：种子破土而出一丛丛，长出禾苗日日高。

实秀、实坚

出处：实发实秀，实坚实好。

解说：拔了节又抽了穗，谷实饱满质量好。

实颖

出处：实颖实栗，即有邰（tái）家室。

解说：谷穗沉沉又累累，前往邰地可养家室。邰是周朝始祖后稷从尧帝那里得到的封地，在今天的陕西省咸阳市武功县。

载谋、载惟

出处：载谋载惟，取萧祭脂。

解说：众人一起商量祭祀事，将牛油艾草烧得馨香四溢。

《行苇》

——描写贵族家庭兄弟宴饮聚会之诗

维叶、泥泥

出处：方苞方体，维叶泥泥。

解说：芦苇刚刚萌生发芽，叶片柔嫩有光泽。

维祺、景福

出处：寿考维祺，以介景福。

解说：老人长寿是吉庆，上天赐给大福气。

《既醉》

——讲述祭祀宴享时君子醉酒不失仪礼之诗

昭明、高朗

出处：昭明有融，高朗令终。

解说：光明长长久久，美誉保持始终。

《假乐》

——讲述周臣为周王歌功颂德的诗歌

宜民

出处：宜民宜人，受禄于天。

解说：适宜于人民，受到上天的福禄。

穆宜、宜君

出处：穆穆皇皇，宜君宜王。

解说：庄重堂皇，适宜诸侯和君王。

方纲

出处：受福无疆，四方之纲。

解说：得到了无边的赐福，四方诸侯都遵从号令。

燕朋

出处：之纲之纪，燕及朋友。

解说：四方诸侯遵从号令，举办宴会款待亲朋。

《公刘》

——讲述周人在祖先公刘率领下大迁徙之诗

居康

出处：笃公刘，匪居匪康。

解说：忠厚的公刘，所居之地不能安乐康宁。公刘的意思是名叫刘的公爵。

思辑、思光

出处：思辑用光，弓矢斯张。

解说：团结一致多光荣，弓箭在手齐拉开。

戈扬

出处：干戈戚扬，爰方启行。

解说：手持盾牌长戈大小斧，现在就启动远行。

胥原、斯原

出处：笃公刘，于胥斯原。

解说：忠厚的公刘，在这片原野上巡视考察。这片原野，指周人准备定居的豳地。

既庶、既繁

出处：既庶既繁，既顺乃宣，而无永叹。

解说：人口众多事繁多，民心顺从又和畅，再也不见谁长吁短叹。

维玉、维瑶

出处：何以舟之？维玉及瑶，鞞（bǐng）琫（běng）容刀。

解说：拿什么佩戴在身上？美玉琼瑶，饰玉宝刀。

溥（pǔ）原

出处：瞻彼溥原，乃陟南冈。

解说：眺望广大的平原，走上南边的山冈。

斯依

出处：笃公刘，于京斯依。

解说：忠厚的公刘，营造都邑住下来。

《泂酌》
——歌颂周王深受民心拥戴之诗

民攸

出处：岂弟君子，民之攸归。

解说：愉悦平易的君子，民心都归向了他。

《卷阿》
——周成王与群臣游于卷阿之诗

蔼蔼

出处：蔼蔼王多吉士，维君子使，媚于天子。

解说：王的麾下有很多贤明之士，只服从王的调遣，一起效忠于天子。王、君子、天子都是指周王。

凤冈

出处：凤凰鸣矣，于彼高冈。

解说：凤凰发出鸣叫声，在那边高高的山冈上。

梧阳

出处：梧桐生矣，于彼朝阳。

解说：梧桐生长成大树，朝向太阳的方向。

《民劳》
——劝谏周厉王不要压迫百姓之诗

惠国
出处：惠此中国，以绥四方。

解说：让国之中央的百姓都享受到恩惠，让四方诸侯都得到安抚。

以谨
出处：无纵诡随，以谨无良。

解说：不盲从那些诡诈善骗的人，警示那些没有道德的人。

柔定
出处：柔远能迩，以定我王。

解说：怀柔安抚远近百姓，使我们君王的思虑安定。

式弘
出处：戎虽小子，而式弘大。

解说：你虽然年轻，但身上的责任非常大。"戎"即"你"，指周厉王。

《板》
——大臣凡伯劝谏周厉王之诗

辞辑
出处：辞之辑矣，民之洽矣。

解说：政令和谐合民心，人民便会乐陶陶。

询刍、询荛（ráo）

出处：先民有言，询于刍荛。

解说：先人曾经说过，（治国方面的问题）可以去请教割草打柴的人。

维藩、维垣、维屏

出处：价人维藩，大师维垣，大邦维屏，大宗维翰。

解说：好人就是篱笆墙，民众就是矮墙，大的诸侯国就是屏障，大的宗族就是坚强的主干。

维宁、维城

出处：怀德维宁，宗子维城。

解说：怀有美德可使社会安宁，宗族的嫡长子就是城墙。

敬渝

出处：敬天之渝，无敢驰驱。

解说：敬畏上天所赐的灾异变化，不要放肆惹祸。"渝"的意思是"变"。

昊明

出处：昊天曰明，及尔出王。

解说：上天的眼睛最为明察，祂（tā）让你和君王离开这里。这句话指的是周厉王因都城镐京生乱而被迫逃亡。

《抑》

——大臣卫武公劝谏周厉王之诗

维民、民章

出处：夙兴夜寐，洒扫庭内，维民之章。

解说：早起又晚睡，勤勉扫庭院，成为百姓的表率。

质民、谨度

出处：质尔人民，谨尔侯度，用戒不虞。

解说：谨慎对待你的人民，慎重按照君主所颁布的法度行事，警惕意外灾难的发生。

慎尔、敬尔

出处：慎尔出话，敬尔威仪，无不柔嘉。

解说：慎重对待说出口的话语，保持仪表的恭敬，做到处处和善美好。

《桑柔》

——大臣芮良夫感叹周厉王暴政之诗

菀柔

出处：菀彼桑柔，其下侯旬。

解说：繁茂桑树叶柔嫩，树下清凉浓树荫。

民瞻

出处：维此惠君，民人所瞻。

解说：对百姓多有恩惠的君主，百姓才会听从仰望之。

胥谷

出处：朋友已谮（zèn），不胥以谷。

解说：朋友之间相互欺诈，不以善意相对待。"谷"本作"穀"，意为善。

维良、弗迪

出处：维此良人，弗求弗迪。

解说：那些善良美好的人，不会去钻营强求。

诵言

出处：听言则对，诵言如醉。

解说：听到风言风语就去答话，听到忠直谏言就装醉。

《崧高》

——周宣王重臣尹吉甫为宣王舅父申伯送行之诗

维岳

出处：嵩高维岳，骏极于天。

解说：最高大的山是四岳，其高可达于天。四岳指东岳泰山、南岳衡山、西岳华山和北岳恒山。

之翰

出处：维申及甫，维周之翰。

解说：申伯和甫侯，是周朝的栋梁。申伯、甫侯都是周朝的重臣。

国蕃、方宣

出处：四国于蕃，四方于宣。

解说：四方诸侯以他们（申伯、甫侯）为屏障，天子对四方的安抚也要通过他们来宣达。

俶城

出处：有俶其城，寝庙既成。

解说：建设了全新的城市，寝与庙都建成了。寝和庙是古代建筑的名称，寝为人居之处，庙是祭祀之所。

锡介、锡圭

出处：锡尔介圭，以作尔宝。

解说：赏赐给你珍贵的大玉圭，作为你的镇国之宝。

邦翰、良翰、有翰

出处：周邦咸喜，戎有良翰。

解说：周之邦国人人欢喜，你治国有了栋梁材。

德柔、德惠、德直

出处：申伯之德，柔惠且直。

解说：申伯的德行，和顺仁善且正直。

诗硕

出处：吉甫作诵，其诗孔硕。

解说：（这是）尹吉甫所作的诗，情深甚是篇幅长。

《烝民》

——周宣王重臣尹吉甫送别大臣仲山甫之诗

秉懿

出处：民之秉彝，好是懿德。

解说：民众的天性，就是爱戴美德。

柔嘉

出处：仲山甫之德，柔嘉维则。

解说：仲山甫的品德，和顺美好讲原则。

令仪

出处：令仪令色，小心翼翼。

解说：好仪表好容色，做事谨慎又细心。

穆风

出处：吉甫作诵，穆如清风。

解说：这是吉甫所作的诗，庄重温雅如微风。

《韩奕》
——歌颂韩侯之诗

奕梁

出处：奕奕梁山，维禹甸之。

解说：巍峨的梁山，是大禹治水的地方。

淑旂（qí）

出处：王锡韩侯，淑旂绥章。

解说：周王给了韩侯许多赏赐，有漂亮的龙纹旗，旗杆上还缀着装饰物。"淑"意为美。

乐韩

出处：为韩姞相攸，莫如韩乐，孔乐韩土。

解说：（他）为韩侯之妻寻夫婿，最好的选择就是韩地，住在这里真是太快乐了。这里说的是韩侯的岳父蹶父为女儿择婿的事。

燕誉

出处：庆既令居，韩姞（jí）燕誉。

解说：美好的居所已建成，韩姞的心情十分安乐。"燕誉"就是安乐的意思。

实墉

出处：实墉实壑，实亩实藉。

解说：建城墙挖壕沟，整田地忙耕种。

《江汉》

——讲述召虎奉周宣王之命平叛淮夷之诗

武滔

出处：江汉浮浮，武夫滔滔。

解说：长江汉水大浪奔流，武士们成千上万顺流而下。

心宁、载宁

出处：时靡有争，王心载宁。

解说：时世和平无争战，君王的心才得到安宁。

于疆、于理

出处：于疆于理，至于南海。

解说：划定疆界整治农田，一直达到南海滨。

肇戎

出处：肇敏戎公，用锡尔祉。

解说：谋划宏伟大功勋，神灵赐给你福禄。

《常武》

——赞美周宣王平叛功绩之诗

如飞、如翰

出处：王旅啴啴，如飞如翰。

解说：君王之军数量庞大，行进神速，就像鸟儿飞行。

《清庙》

——周武王定都洛邑后祭祀文王之诗

显承

出处：不显不承，无射于人斯。

解说：显耀自有继承者，永远不会被废弃。

《维天之命》

——周武王祭祀文王之诗

天穆

出处：维天之命，於穆不已。

解说：天道运转，肃穆不止。

显纯

出处：於乎不显，文王之德之纯。

解说：多么显耀，文王的德行纯净美好。

《烈文》

——周文王祭祀祖先之诗

维德

出处：不显维德，百辟其刑之。

解说：先祖的美德大彰显，百官都拿来做榜样。

《昊天有成命》
——祭祀周成王之诗

缉熙、靖之

出处：於缉熙！单厥心，肆其靖之。

解说：光明啊！竭尽心力，平定国家。

《时迈》
——周武王巡视诸侯并祭天地山川之诗

乔岳

出处：怀柔百神，及河乔岳，允王维后。

解说：祭祀安抚众神，遍及黄河诸岳，武王真不愧是我们的君王。

明昭

出处：明昭有周，式序在位。

解说：光明正大大周朝，封赏有序又合理。

懿夏

出处：我求懿德，肆于时夏。

解说：我追求美好的德行，将其施遍中国。"夏"指的是中国，也就是当时周王朝所统治的地区。

《执竞》

——祭祀周武王、周成王、周康王之诗

竞烈

出处：执竞武王，无竞维烈。

解说：征服了强敌的武王，谁也比不上他的战功。

穰穰

出处：降福穰穰，降福简简。

解说：上天降下许多福，上天降下很大福。"穰穰"意为众多，"简简"意为盛大。

《思文》

——周人祭祀祖先后稷之诗

贻牟、来牟

出处：贻我来牟，帝命率育。

解说：向我们馈赠小麦和大麦，天帝命我们都来养育。

常夏

出处：无此疆尔界，陈常于时夏。

解说：养育不分疆和界，我中国到处都铺开。

《臣工》
——周王励耕之诗

康年

出处：明昭上帝，迄用康年。

解说：光明的昊天上帝，赐给我们丰收年景。

《噫嘻》
——周康王春季祈求谷丰之诗

率农

出处：率时农夫，播厥百谷。

解说：带领农夫们去耕田，各样谷种都播下。

尔耕

出处：亦服尔耕，十千维耦。

解说：你们也要仔细耕作，万众一心忙耦地。"耦"是一种耕作方式，两人一组并排用农具耕地。

《振鹭》
——赞美夏朝、商朝的后人来为周王助祭之诗

斯容

出处：我客戾止，亦有斯容。

解说：我宾客前来拜访，其人仪态也像白鹭一般高洁。

《丰年》

——秋冬丰收时以祭祀表达对祖先神灵感谢之诗

多黍

出处：丰年多黍多稌，亦有高廪。

解说：丰收之年黍子、稻子收了很多，也建好了高大的粮仓。

《雍》

——祭祀后稷或周文王之诗

宣哲

出处：宣哲维人，文武维后。

解说：智慧通达是臣子们，文武双全是君王们。

《载见》

——诸侯朝见周成王并祭祀武王之诗

烈光

出处：鞗（tiáo）革有鸧，休有烈光。

解说：辔头铜饰"鸧鸧"响，造型精美光灿烂。"鸧鸧"为铜饰碰撞声，一说为铜饰金光灿烂之美。

《有客》

——周王为宾客送行之诗

亦白

出处：有客有客，亦其白马。

解说：有客远来访，乘着白色马。这里说的"客"，是商纣王的兄长宋微子，他在商朝灭亡后，受周王之命奉祀殷商的祖先。

敦琢

出处：有萋有且，敦琢其旅。

解说：客人随行人数多，个个贤良如雕琢。"敦琢"即雕琢的意思。

《武》

——歌颂周武王灭商功绩之诗

维烈

出处：於皇武王，无竞维烈。

解说：啊，伟大的武王，功绩盖世无人可比。

《访落》

——周成王朝拜周武王庙之诗

绍庭

出处：绍庭上下，陟降厥家。

解说：继承文王与武王的方法，来决定大臣们的升迁和降黜。

《敬之》

——新继位的周王应答群臣并自警之诗

显思

出处：敬之敬之，天维显思，命不易哉。

解说：敬畏啊，敬畏啊，上天对你明察秋毫，天定之命你无力改变。

佛时

出处：佛时仔肩，示我显德行。

解说：辅佐你担负起重大的责任，指示你以光明正大的德行。

《载芟》

——周王春季祭祀社稷之诗

耕泽

出处：载芟（shān）载柞（zuò），其耕泽泽。

解说：除掉野草和野树，翻耕过的土壤松软湿润有光泽。

驿达

出处：实函斯活，驿驿其达。

解说：泥中种子生机旺，接连不断冒出土。

馨宁

出处：有椒其馨，胡考之宁。

解说：美酒香气飘得远，高寿老人心安宁。

《酌》

——赞美周武王建国功业之诗

於铄、养晦

出处：於铄王师，遵养时晦。

解说：啊！我们英勇的王朝将士，在统帅指挥下打败了暴君。

纯熙

出处：时纯熙矣，是用大介。

解说：周道大兴放光明，令天下之士都来效忠。"纯"意为大，"熙"意为兴盛光明。

《桓》

——赞美周武王建国功业之诗

绥邦

出处：绥万邦，娄丰年。

解说：安定众多诸侯国，多年连连得丰收。

定家

出处：桓桓武王，保有厥士，于以四方，克定厥家。

解说：威武的武王，拥有了这片土地，于是继续征服四方，终能造就周王室之国家。

《赉》

——周武王伐纣成功后祭祀文王庆功之诗

绎思

出处：敷时绎思，我徂维求定。

解说：先王功业我接续，前去伐纣求安定。

时周

出处：时周之命，於绎思！

解说：我周朝得天命，功业永不断！

《驷》
——描写马匹之诗

垌（dòng）野
出处：驷（jiōng）驷牡马，在垌之野。
解说：肥肥壮壮一群马，放牧在辽阔草原上。

《有驳》
——描述鲁国国君与大臣们宴饮之诗

振鹭
出处：振振鹭，鹭于下。
解说：好似洁白鹭鸟飞，成群落在大殿下。这里是形容鲁公麾下卿士众多且都品行高洁。

《泮水》
——记述鲁国国君在泮宫大宴群臣之诗

乐（lè）芹
出处：思乐泮水，薄采其芹。
解说：人们都喜欢的泮水，有人采摘岸边的水芹。泮水是鲁国国都的一条河，鲁国学宫建在河边，称泮宫。也有说法认为，因当时诸侯国的学宫名为泮宫，所以泮宫边的河都叫泮水。

乐藻

出处：思乐泮水，薄采其藻。

解说：人们都喜欢的泮水，有人采摘岸边的水藻。

茷茷（pèi）

出处：其旂茷茷，鸾声哕哕（huì）。

解说：鲁侯的旗帜迎风飞扬，车马鸾铃叮叮响。"茷茷"同"旆旆"，意思是旗帜迎风而飘。

乐茆

出处：思乐泮水，薄采其茆。

解说：人们都喜欢的泮水，有人采摘岸边的凫葵。凫葵也叫莼菜。

《閟宫》

——赞美鲁僖公建功立业之诗

实枚

出处：閟（bì）宫有侐（xù），实实枚枚。

解说：供奉神灵的閟宫多清净，建筑庞大肃穆而坚固密致。

于鲁

出处：王曰叔父，建尔元子，俾侯于鲁。

解说：周王对你称叔父，要封你的长子为侯，做那鲁国的君长。

舞洋

出处：笾豆大房，万舞洋洋。

解说：笾豆和大房都摆好，跳起"万舞"声势壮。笾豆和大房都是古代装食物的器皿。

炽昌

出处：俾尔炽而昌，俾尔寿而臧。

解说：让你国家兴旺而昌盛，让你长寿且安康。

寿富

出处：俾尔昌而炽，俾尔寿而富。

解说：让你国家昌盛而兴旺，让你长寿且富有。

詹泰

出处：泰山岩岩，鲁邦所詹。

解说：高峻雄伟的泰山，是鲁国人民所尊仰。

曼硕

出处：孔曼且硕，万民是若。

解说：这首长诗很宏大，人民称赞心喜欢。这首诗是鲁国公子奚斯所作。

《那》
——殷商后代宋国人祭祀祖先之诗

猗（yī）那

出处：猗与那与，置我鞉（táo）鼓。

解说：乐队奏乐多美好，立起我们的鞉鼓。鞉鼓是一种古代的摇鼓。

简简

出处：奏鼓简简，衎（kàn）我烈祖。

解说：打起鼓来声声响，祖先听了心喜欢。"简简"是打鼓的声音。

思成

出处：汤孙奏假，绥我思成。

解说：成汤子孙奏告神明，请赐予我成功慰祖先。"假"的意思是祭祀时神明降临。

於赫

出处：於赫汤孙！穆穆厥声。

解说：啊，显赫的成汤子孙！这乐声庄重典雅。

执恪

出处：温恭朝夕，执事有恪。

解说：朝朝暮暮都温和恭敬，祭祀时虔诚而严谨。

《烈祖》

——殷商后人祭祀之诗

天康、丰年

出处：自天降康，丰年穰穰。

解说：康宁福气从天降，丰收年景粮仓满。

《玄鸟》

——祭祀商王武丁之诗

邦民

出处：邦畿千里，维民所止。

解说：国土横亘千余里，那是我国百姓所居的地方。

景河

出处：景员维河，殷受命咸宜。

解说：景山周围是黄河，殷商受天命正合适。

《长发》

——殷商后代祭天之诗

濬（jùn）哲、发祥

出处：濬哲维商，长发其祥。

解说：英明睿智是我商，长久兴盛很吉祥。

优优

出处：敷政优优，百禄是遒（qiú）。

解说：施政宽和有余地，众多福禄聚于此。

秉钺（yuè）

出处：武王载旆（pèi），有虔秉钺。

解说：成汤发兵伐夏桀，将士勇猛举斧钺。

如烈

出处：如火烈烈，则莫我敢曷。

解说：势如烈焰熊熊烧，无人胆敢去阻遏。

《殷武》

——祭祀商王武丁之诗

民严

出处：天命降监，下民有严。

解说：天命向下细监察，严明君主在人间。

（二）《楚辞》起名实例

伯庸	初度	嘉名	正则	灵均	美兮	修能	离芷	纫秋	以佩
乘骐	乘骥	以驰	以骋	固芳	纫蕙	彼尧	彼舜	之耿	之介
遵道	得路	知謇	天正	唯灵	成言	兰畹	树蕙	芷蘅	与芳
冀峻	峻茂	能周	道安	兰皋	驰丘	离尤	复初	荷衣	蓉裳
信芳	高冠	长佩	芳泽	唯昭	佩缤	芳菲	修常	婵媛	依圣
节中	济湘	以征	禹俨	循墨	览民	哲茂	茹蕙	耿吾	余征
朝梧	令羲	令凤	继佩	荣华	未落	远集	岂珵	美珵	琼佩
荃蕙	昔芳	今芬	龙象	道昆	扬霓	承旂	翔翼	路周	玉驰
龙婉	云旗	高驰	舞韶	之赫	美政	辰良	玉琳	琼芳	安歌
灵姣	君欣	沐芳	若英	宜修	桂舟	苏桡	兰旌	扬灵	芳洲
杜若	北渚	庭波	有茝	有兰	朝驰	夕济	桂栋	兰辛	玉镇
疏兰	芷葺	建芳	建馨	灵云	翔清	瑶华	若今	素枝	荷蕙
浩歌	苏民	曒方	照槛	既明	乘雷	顾怀	箫钟	鸣篪	思灵
翩翠	展诗	青云	云衣	霓裳	以东	登昆	心扬	扬浩	宜笑
慕予	云容	采秀	石磊	磊磊	蔓蔓	思我	芳若	石泉	泉松
泉柏	援玉	诚勇	以武	刚强	遂初	惟时	何本	何化	九际
星陈	开明	任鸿	续初	继业	洪泉	若华	华光	延年	秉德
牧夫	成莘	滨木	苍群	萃之	就岐	初挚	荆勋	作忠	言之
余心	愿芳	著明	思远	冠云	宝璐	知余	瑶圃	方林	心端
承宇	运舟	今东	舒吾	忠湛	修美	诚言	冀进	耿著	苏美

善由	心同	孔静	方圜	常度	易初	本迪	厚正	质正	玄文
怀瑾	瑾瑜	重仁	谨丰	自强	定心	广志	思美	志达	志初
因芙	昭诗	嘉树	叶荣	素荣	幼志	廓其	隐章	高岩	湛露
凝霜	清江	驰之	焉止	景光	遥思	省端	正由	静愉	清尘
承风	辰星	灵晔	晨舒	向风	从乔	含霞	保明	之清	之澄
顺凯	夕晞	飞泉	怀琬	怀琰	华英	嘉炎	丽冬	丽荣	冬荣
问微	为旌	为麾	欣美	湘灵	海若	至清	与泰	与初	朴忠
力耕	正言	超然	昂若	若驹	与骐	与骥	与鹄	独清	圣凝
以察	以皓	渔莞	沧清	复言	燕归	燕辞	雁南	谅直	芳蔼
恢夏	容倚	蕙华	蕙实	凤翔	翔举	知怀	初德	学诵	慕先
慕圣	守高	慕诗	慕风	志素	靓秋	尚瑕	心焉	浏浏	国骥
纯忠	志云								

伯庸

出处：帝高阳之苗裔兮，朕皇考曰伯庸。

解说：我是高阳氏（颛顼）的后代子孙，我的父亲名叫伯庸。楚国国君以五帝之一颛顼为祖先，屈原是楚国宗室子弟，所以也自称颛顼的后代。"朕"这个字是秦始皇时才被确定为皇帝专用的第一人称代词，在此之前，人们都可用"朕"来指自己。

初度、嘉名

出处：皇览揆余初度兮，肇锡余以嘉名。

解说：父亲端详测度着我最初的容貌气质，于是赐给我一个美好的名字。"初度"指的是婴儿的模样气度。

正则、灵均

出处：名余曰正则兮，字余曰灵均。

解说：（父亲）为我取名正则，取字灵均。

美兮、修能

出处：纷吾既有此内美兮，又重之以修能。

解说：我具有这样繁盛的内在美德，又加上外貌仪表十分美好。

离芷、纫秋、以佩

出处：扈江离与辟芷兮，纫秋兰以为佩。

解说：身披香草江离与芷草，将秋天芬芳的兰花串成佩饰。

乘骐、乘骥、以驰、以骋

出处：乘骐骥以驰骋兮，来吾道夫先路。

解说：驾驭着骏马奔驰，来吧，我为你做先导，带你走上先王的道路。这是在劝喻楚王。

固芳

出处：昔三后之纯粹兮，固众芳之所在。

解说：当初三位圣王德行纯净无瑕，这是他们能够被众多贤德人士拥戴的原因。这里说的"三后"即三位圣王，有很多种解释，但必然是指三位圣明的先君。

纫蕙

出处：杂申椒与菌桂兮，岂维纫夫蕙茝（chǎi）？

解说：气味馥郁、果实繁盛的花椒和桂树也聚集在一起，又怎么会只有那些香草呢？

彼尧、彼舜、之耿、之介、遵道、得路

出处：彼尧舜之耿介兮，既遵道而得路。

解说：圣王尧舜德行光明，他们遵从了正道，所以走上了坦途。

知謇（jiǎn）

出处：余固知謇謇之为患兮，忍而不能舍也。

解说：我当然知道直言不讳会给我带来祸患，但我只有忍受，而不能舍弃我的初衷。

天正、唯灵

出处：指九天以为正兮，夫唯灵修之故也。

解说：指天为证立下誓言，这都是为了那位至高如神明的人。这里指的是楚怀王。

成言

出处：初既与余成言兮，后悔遁而有他。

解说：他当初与我定下了盟约，后来却反悔离弃去追求其他。

兰畹、树蕙

出处：余既滋兰之九畹兮，又树蕙之百亩。

解说：我种下了一大片兰花，又栽种了许多蕙草。古代面积单位，十二亩为一畹。这里的"九畹"和"百亩"都是虚指，极言其多。

芷蘅、与芳

出处：畦留夷与揭车兮，杂杜衡与芳芷。

解说：种了一畦畦留夷和揭车，其中还有杜衡和白芷。

冀峻、峻茂

出处：冀枝叶之峻茂兮，愿俟时乎吾将刈（yì）。

解说：盼望着这些香草的枝叶能生得茂盛，愿等待时机将它们采摘。

能周、道安

出处：何方圜之能周兮，夫孰异道而相安。

119

解说：什么时候方枘与圆凿能够相容，持不同观点的人能够相处安好。传统木工里的方枘即方形的榫头，圆凿是曲形锋刃的凿子，二者无法相容使用。

兰皋、驰丘

出处：步余马于兰皋兮，驰椒丘且焉止息。

解说：骑马在生长兰草的水岸高地行走，奔上长满花椒树的山丘，停息在那里。

离尤、复初

出处：进不入以离尤兮，退将复修吾初服。

解说：进谏忠言但君王听不进去，为了远离罪过我只能退隐，重新穿上当初未入仕时的衣服。

荷衣、蓉裳

出处：制芰荷以为衣兮，集芙蓉以为裳。

解说：裁制荷花菱叶做成上衣，将芙蓉花收集在一起做成下裙。

信芳

出处：不吾知其亦已兮，苟余情其信芳。

解说：人们不了解我也便罢了，只要我的情操确实芳洁就可以了。

高冠、长佩

出处：高余冠之岌岌兮，长余佩之陆离。

解说：把我的帽子增得更高，将我的长剑加得更长。

芳泽、唯昭

出处：芳与泽其杂糅兮，唯昭质其犹未亏。

解说：芳香与润泽的品性糅合，明洁的质地未受损伤。

佩缤、芳菲

出处：佩缤纷其繁饰兮，芳菲菲其弥章。

解说：佩戴了许多花草来作装饰，香气浓郁更加显眼。

修常

出处：民生各有所乐兮，余独好修以为常。

解说：人们各有各的喜好，我偏偏喜好装扮自己，这对我来说只是常态。

婵媛

出处：女嬃之婵媛兮，申申其詈（lì）予。

解说：女嬃伸手将我牵引，语气沉重责骂于我。女嬃是一个女子，有人说是屈原的姐妹，也有人说是屈原的侍女。

依圣、节中

出处：依前圣以节中兮，喟凭心而历兹。

解说：我遵照着前代圣贤的法则节制内心，满心愤懑叹息，为何遭受这样的排挤嫌弃。

济湘、以征

出处：济沅湘以南征兮，就重华而陈词。

解说：渡过沅江湘江，向南而行，到舜帝的面前，向他痛陈我的遭遇。"重华"是上古圣王舜的名号。传说他葬于沅湘之南的九嶷山。

禹俨

出处：汤禹俨而祗敬兮，周论道而莫差。

解说：商汤、夏禹受天命为人王，都敬畏天道，周文王也是以天道为依据行事，没有差错，所以他们能够获得上天庇佑。

循墨

出处：举贤而授能兮，循绳墨而不颇。

解说：选用贤才能人，遵循先王法度，不偏私徇情。

览民

出处：皇天无私阿兮，览民德焉错辅。

解说：皇天神明没有私心偏向，会看遍天下所有人，从中选择有道德者为君主，选有才能者来辅佐。

哲茂

出处：夫维圣哲以茂行兮，苟得用此下土。

解说：有圣明智慧、盛德行为的人，才能拥有天下。

茹蕙

出处：揽茹蕙以掩涕兮，沾余襟之浪浪。

解说：拿过柔软的香草来掩拭泪水，泪水却依然滚落沾湿了我的衣襟。

耿吾

出处：跪敷衽以陈辞兮，耿吾既得此中正。

解说：跪下解开衣领，说出我想说的话，因得此公正之道而光明磊落。这里说的是因为效仿了古代忠臣的行为而自感内心光明。

余征

出处：驷玉虬以乘鹥（yī）兮，溘（kè）埃风余上征。

解说：驾驭神虬与凤凰飞行，凌尘而上乘风高翔。龙和虬相似，有角者为龙，无角者为虬。鹥，是凤凰的一种。

朝梧

出处：朝发轫于苍梧兮，夕余至乎县圃。

解说：早晨从苍梧发车，晚上到达县圃神山。苍梧是舜帝陵寝所在地，县圃是一座传说中的神明之山，在昆仑山附近。

令羲

出处：吾令羲和弭节兮，望崦嵫而勿迫。

解说：我让羲和走得慢一点，远远望见崦嵫，不要过于接近。在神话中，羲和是为太阳驾车的神灵，崦嵫是太阳夜晚歇息的神山。

令凤

出处：吾令凤鸟飞腾兮，继之以日夜。

解说：我命令凤鸟遨游于天际寻求同伴，夜以继日，不休不眠。

楚辞·离骚

继佩

出处：溘吾游此春宫兮，折琼枝以继佩。

解说：倏忽之间我来到了东方青帝的宫苑，于是折下一根玉质的花枝，别在腰间当作佩饰的补充。

荣华、未落

出处：及荣华之未落兮，相下女之可诒（yí）。

解说：趁着鲜艳的花朵还未凋落，摘下来送给我所见到的下女。这里的"下女"是指所处位置在高山脚下而非山巅的美丽女子，比喻那些身份低微而品行高尚的贤人。

远集

出处：欲远集而无所止兮，聊浮游以逍遥。

解说：想要去远方栖息却找不到可以落脚之处，只好四处飘游徘徊不定。

岂珵（chéng）、美珵

出处：览察草木其犹未得兮，岂珵美之能当？

解说：人们观察草木尚且无法分辨香臭美丑，对于玉石的质地好坏又能有什么样的见识呢？

琼佩

出处：何琼佩之偃蹇兮，众薆（ài）然而蔽之。

解说：为什么美玉制作的佩饰遭到嫌弃，人们总要掩盖遮蔽它的光芒？

荃蕙

出处：兰芷变而不芳兮，荃蕙化而为茅。

解说：兰与芷发生改变，不再芳香，荃与蕙变化成了普通的茅草。这是用香草变化比喻君子蜕变成了小人，不再忠信，而变得奸佞。

昔芳

出处：何昔日之芳草兮，今直为此萧艾也。

解说：为什么昔日那芬芳的香草，如今变成了不值钱的艾草。

今芬

出处：芳菲菲而难亏兮，芬至今犹未沫。

解说：我佩戴的花草香味很难减损，那芬芳气味到现在还没有消散。

龙象

出处：为余驾飞龙兮，杂瑶象以为车。

解说：使飞龙为我驾车，车上装饰着美玉和象牙。

道昆

出处：邅（zhān）吾道夫昆仑兮，路修远以周流。

解说：调转车马，我走上前往昆仑的道路，这条路很长很远，要绕行各国。

扬霓

出处：扬云霓之晻蔼兮，鸣玉鸾之啾啾。

125

解说：天空布满浓重的云彩，挂在车头横木上的玉石鸾铃发出清脆鸣响。

承旆、翔翼

出处：凤凰翼其承旆兮，高翱翔之翼翼。

解说：凤凰飞来向我的旗帜致敬，又扇动翅膀高飞于天际。凤凰是灵禽，能感应美德，这是说自己秉承正道，因而获得凤凰的敬迎。

路周

出处：路不周以左转兮，指西海以为期。

解说：路过不周山时向左转去，我的目的地已指定西海。

玉驰

出处：屯余车其千乘兮，齐玉轪而并驰。

解说：我的千辆车子聚集，玉轮并驾齐驱。

龙婉、云旗

出处：驾八龙之婉婉兮，载云旗之委蛇。

解说：驾驭八条蜿蜒游动的飞龙，绘着云纹的旗帜竖立于车上，迎风招展。龙是神话中拥有神明智慧的生物，只有具有同样智慧的神人才可以驾驭。

高驰

出处：抑志而弭节兮，神高驰之邈邈。

解说：虽平抑舒缓心情以放慢我的脚步，精神已经驰入高远苍茫之境，世人难以追踪。

舞韶

出处：奏《九歌》而舞《韶》兮，聊假日以媮乐。

解说：太平时日当奏起《九歌》，跳起《韶》乐之舞，姑且凭借这样的时光来愉悦身心吧。

之赫

出处：陟升皇之赫戏兮，忽临睨夫旧乡。

解说：我已攀升到辉煌灿烂的皇天之上，忽然回眸瞥见楚地故乡。

美政

出处：既莫足与为美政兮，吾将从彭咸之所居。

解说：既然君王无道，我不能参辅他来建立嘉美的政治，那我就去彭咸所在的地方吧。彭咸，是商朝一位贤德的大夫，因劝谏不成，愤然投水而死。

《东皇太一》

辰良

出处：吉日兮辰良，穆将愉兮上皇。

解说：在这吉祥的好日子里，我们要恭敬地愉悦天上的帝王——东皇太一。

玉琳

出处：抚长剑兮玉珥，璆（qiú）锵鸣兮琳琅。

解说：灵巫手持宝剑震慑邪祟，剑柄之珥以美玉制成，身上佩玉随着他的舞动"锵锵""琳琅"作响，节奏分明有度。"珥"指剑镡（xín），即剑柄的圆端或两边突出的部分。

琼芳

出处：瑶席兮玉瑱（tiàn），盍将把兮琼芳。

解说：用清净美好的玉石为供桌，献上祭祀用的酒食，还摆上玉瑱作为装饰，灵巫更手持玉枝琼花，为祭品增添香气。

安歌

出处：疏缓节兮安歌，陈竽瑟兮浩倡。

解说：神灵享用祭品时，灵巫放慢击鼓的节拍，徐徐歌唱，吹竽鼓瑟者列阵浩大，尽情作乐。

灵姣

出处：灵偃蹇兮姣服，芳菲菲兮满堂。

解说：美丽的灵巫盛装起舞，舞姿翩翩，衣袖间散发芳香，洋溢在整个殿堂。

君欣

出处：五音纷兮繁会，君欣欣兮乐康。

解说：乐声五音齐备，纷繁盛大，让神灵欣喜康乐。"五音"指宫、商、角、徵、羽五种音调，"君"就是所祭祀的东皇太一，即天帝。

《云中君》

沐芳、若英

出处：浴兰汤兮沐芳，华采衣兮若英。

解说：用兰花、白芷煮水沐浴，洗濯身体发肤，穿上多彩华丽的衣服，配饰杜若之花。

《湘君》

宜修、桂舟

出处：美要眇兮宜修，沛吾乘兮桂舟。

解说：美丽的女神姿容姣好，修饰得体，我乘着桂木做成的船迅疾行驶在湘江上。这里的"吾"是湘君的自称。所说的美丽女神是他的妻子。

荪桡（ráo）、兰旌

出处：薜荔柏兮蕙绸，荪桡兮兰旌。

解说：桂木船上挂着香草薜荔编成的帘子和蕙草织成的帐子，船桨是香荪所制，旌旗是兰草所为。

扬灵

出处：望涔阳兮极浦，横大江兮扬灵。

解说：涔阳在望，就在水岸尽头，横渡大江，放舟而行。"灵"通"舲"，是一种带窗户的小船。也有解释说"扬灵"是"发扬精诚之志"的意思，"横大江兮扬灵"意为"屈原乘舟横渡大江，去发扬自己的精诚之志，希望能感动楚怀王"。

芳洲、杜若

出处：采芳洲兮杜若，将以遗兮下女。

解说：在盛开香花的水中小洲采摘杜若，想要赠送给那身份卑微而品行贞洁的女子。

《湘夫人》

北渚（zhǔ）

出处：帝子降兮北渚，目眇眇兮愁予。

解说：尧帝之女降临到了北岸的小洲，放眼遥望却看不到心上人，心生忧愁。神话中的湘夫人是上古圣王尧的女儿。"予"通"忬"，意为忧愁。

130

庭波

出处：袅袅兮秋风，洞庭波兮木叶下。

解说：秋风轻轻吹拂，洞庭湖水泛起波涟，树叶纷纷落下。

有茝（chǎi）、有兰

出处：沅有茝兮醴有兰，思公子兮未敢言。

解说：沅水中生白芷，澧水中生芳兰，湘夫人思念湘君啊，却不敢诉说。"茝"即白芷，白芷与兰花与凡草迥然不同，比喻湘夫人之美殊异于众人。

朝驰、夕济

出处：朝驰余马兮江皋，夕济兮西澨（shì）。

解说：清晨策马奔驰在江边的堤岸，黄昏时分渡过了西边的水滨。

桂栋、兰辛

出处：桂栋兮兰橑，辛夷楣兮药房。

解说：用桂树做成房屋的大梁，用木兰木做成房顶的椽子，辛夷树制成门楣，以白芷装饰于室中。"药"指白芷。

玉镇、疏兰

出处：白玉兮为镇，疏石兰兮为芳。

解说：用白玉作为床上的镇席，陈列香草石兰作为床前的屏风。通常认为这里的"芳"是"防"的误用，即防风之意。

芷葺（qì）

出处：芷葺兮荷屋，缭之兮杜衡。

解说：白芷制成屋顶，荷花做成屋舍，用香草杜衡缠绕。

建芳、建馨

出处：合百草兮实庭，建芳馨兮庑门。

解说：把百种花草种满庭院，让浓郁的香气充盈门廊。

灵云

出处：九嶷缤兮并迎，灵之来兮如云。

解说：九嶷山的山神携华丽仪仗来迎湘夫人，队列中神灵众多，纷纷如云。

《大司命》

翔清

出处：高飞兮安翔，乘清气兮御阴阳。

解说：安稳地飞翔于高天，乘着九霄之上的清气，主宰世间万民的生与死。

瑶华

出处：折疏麻兮瑶华，将以遗兮离居。

解说：折一枝神麻所开的美丽的玉花，想赠送给那即将远离隐居的神。神麻是一种传说中的植物。巫师摘下此物之花，向大司命告别。

若今

出处：愁人兮奈何，愿若今兮无亏。

解说：我这忧愁的人啊，忧愁又能如何，但愿一直像现在这样身体健康吧！

《少司命》

素枝

出处：绿叶兮素枝（华），芳菲菲兮袭予。

解说：种种芳草翠绿茂盛，开出素白的花朵，香气浓郁地飘向了我。这里的"枝"应该是"华"，就是花朵的意思。

荷蕙

出处：荷衣兮蕙带，倏而来兮忽而逝。

解说：身穿荷花做的衣裳，围着蕙草编制的腰带，总是忽然地来，又忽然地离开，难以相见。

浩歌

出处：望美人兮未来，临风怳兮浩歌。

解说：翘首盼望却终不见美人，站在大风中心神恍惚失落，只得大声歌唱。

荪民

出处：竦长剑兮拥幼艾，荪独宜兮为民正。

解说：手举长剑保护幼小孩童，只有您才适合做我们百姓的主宰者。"荪"也写作"荃"，是对神的尊称。

《东君》

暾（tūn）方、照槛

出处：暾将出兮东方，照吾槛兮扶桑。

解说：以光明盛大的模样，即将升起于东方，光芒照彻我的栏杆，那光芒出自扶桑。这里的"吾"是太阳神东君的自称，扶桑树是神话中生长在太阳升起之地"汤谷"外面的神树，太阳神援树而上，光芒照向大地四方，所以扶桑如同阳光所出之处。

既明

出处：抚余马兮安驱，夜皎皎兮既明。

解说：轻抚我的骏马让它安稳地驰骋，夜色虽幽暗，但光明已经到来，天将大亮。

乘雷

出处：驾龙辀（zhōu）兮乘雷，载云旗兮委蛇。

解说：驾驭龙车，乘着雷电，扬起云的旌旗，拖出蜿蜒的轨迹。

顾怀

出处：长太息兮将上，心低徊兮顾怀。

解说：即将离开扶桑树升空时，我却叹息流连，心绪低落，故地徘徊，顾念着我的故乡。

箫钟、鸣篪（chí）、思灵

出处：緪（gēng）瑟兮交鼓，箫钟兮瑶虡（jù），鸣篪兮吹竽，思灵保兮贤姱（kuā）。

解说：急促地将琴弦拧紧，两两相对打鼓，用力敲钟，震动了钟架，吹奏起篪与竽，思念起那神巫的贤德与美貌。

翾（xuān）翠、展诗

出处：翾飞兮翠曾，展诗兮会舞。

解说：神巫的舞姿优美如翠鸟飞翔，身体律动舒展配合诗的音乐，以应和舞蹈节拍。

青云、云衣、霓裳

出处：青云衣兮白霓裳，举长矢兮射天狼。

解说：太阳神降临时青云为上衣，白霓为下裳，举起神弓长箭射向天狼星。天狼星是全天最亮的一颗恒星，古人认为它象征着战乱。

以东

出处：撰余辔兮高驼翔，杳冥冥兮以东行。

解说：手持我的马缰绳高高地飞翔，出入于幽暗的夜晚，并将再次出现于东方。也有人说"以东行"的意思是日月星辰都是由东向西运行的。

《河伯》

登昆、心扬、扬浩

出处：登昆仑兮四望，心飞扬兮浩荡。

解说：登上昆仑山，向四下望去，心绪飞扬又宏大激荡。河伯是黄河之神，昆仑山是黄河源头所在。

《山鬼》

宜笑、慕予

出处：既含睇兮又宜笑，子慕予兮善窈窕。

解说：目光飘忽含情，笑容娇媚可爱，那位君子爱慕我美丽的姿容。这里是说山鬼仰慕君子，因而向他显现了自己的真容。

云容

出处：表独立兮山之上，云容容兮而在下。

解说：孤独地站立在高山之上，悠悠云雾在脚下飘荡。

采秀、石磊、磊磊、蔓蔓

出处：采三秀兮于山间，石磊磊兮葛蔓蔓。

解说：在山间采摘一年开花三次的芝草，这里岩石堆积，葛草丛生。

思我

出处：怨公子兮怅忘归，君思我兮不得闲。

解说：未见所思念的君子而心生怨恨，忘记归去，君子思念我吗？难道没有空闲来与我相见？

芳若、石泉、泉松、泉柏

出处：山中人兮芳杜若，饮石泉兮荫松柏，君思我兮然疑作。

解说：山中的人满身香气如芬芳的杜若，掬山泉之水而饮，借松柏浓荫遮阳，君子是否在思念我呢？我心生疑惑。山中人，是山鬼的自称。

《国殇》

援玉

出处：霾两轮兮絷（zhí）四马，援玉枹（fú）兮击鸣鼓。

解说：两个车轮陷入泥土，绳索系绊四匹马腿，手握鼓槌将鼓打响。这是描绘战场上激烈的交战状况。战车已被损毁，战士仍不失士气地敲击战鼓。

诚勇、以武、刚强

出处：诚既勇兮又以武，终刚强兮不可凌。

解说：国家的忠魂诚信勇武，洋溢着刚强之气，终是凛然不可侵犯的。

遂初

出处：遂古之初，谁传道之？

解说：在最初的太古时代，神灵与万物还未产生，是谁创始并传下了天地之道？

惟时

出处：明明暗暗，惟时何为？

解说：日与夜、光明与黑暗交替出现，它们是什么时候什么人所制造的呢？

何本、何化

出处：阴阳三合，何本何化？

解说：天、地、人合为大德，那么这三者根源在哪儿，如何化成？该种理解源自王逸《楚辞章句》。

九际

出处：九天之际，安放安属？

解说：天分九天，九天的边际如何划分，如何归属？东汉学者王逸认为九天分别是东方皞天、东南方阳天、南方赤天、西南方朱天、西方成天、西北方幽天、北方玄天、东北方变天、中央钧天。

星陈

出处：日月安属？列星安陈？

解说：太阳和月亮，还有众多星辰，是怎么布陈的，又是谁排列的？

开明

出处：何阖而晦？何开而明？

解说：为什么天门关闭天就变得晦暗，天门开启天就变得明亮呢？

任鸿

出处：不任汩鸿，师何以尚之？

解说：鲧不懂得如何治理洪水，众人为什么要抬举他去做这件事？古代神话里的鲧受到尧帝的指派去治理大洪水，历经多年未成，最后被尧帝处死，他的儿子禹接替他去治水，改堵为疏，终获成功。

续初、继业

出处：何续初继业，而厥谋不同？

解说：禹为何能做到继承了父亲的事业，又全盘改变了父亲的谋划？

洪泉

出处：洪泉极深，何以窴（tián）之？

解说：洪水形成了巨大的深渊，用什么来填平它呢？

若华、华光

出处：羲和之未扬，若华何光？

解说：日神的车夫羲和还没有出发，若木的花朵为何发光？若木是古代神话中的一种神树，青叶红花，生于衡石山、九阴山、洞野之山。

139

延年

出处：延年不死，寿何所止？

解说：仙人受天命而长生不死，那么他们的寿命什么时候会终止呢？

秉德、牧夫

出处：该秉季德，厥父是臧。胡终弊于有扈，牧夫牛羊？

解说：亥秉承了季的美好德行，他的父亲为此对他十分赞赏。为什么他在有扈国落难，为人放牧牛羊？该，即亥。亥、季都是商侯的名字，季是亥之父。他们是商朝开国之君汤的先祖。按《山海经·大荒东经》《竹书纪年》的记载，殷侯亥因与有易国女子私通而被有易国君绵臣杀死，被杀之前，应是曾遭囚禁并被强迫放牧劳作。据考证，有易国即有扈国。

成莘

出处：成汤东巡，有莘爰极。

解说：商王成汤巡游到东方，直至有莘国。有莘国是当时的一个小国，成汤想任用该国的一个名叫伊尹的贤德之人，但此人是个奴隶，有莘国君不允，成汤便娶了有莘国的公主，让伊尹作为新娘陪嫁来到了商。伊尹是辅佐成汤开创商朝的人，也是历史上最著名的贤相之一。

滨木

出处：水滨之木，得彼小子。

解说：在伊水河畔的树木里，得到了那个婴孩。这里说的就是伊

尹，传说他是有莘国一位采桑女从河畔桑树的空洞里发现的。采桑
女将他献给了国君，国君命宫中的厨子抚养他长大。

苍群、萃之

出处：苍鸟群飞，孰使萃之？

解说：武士们如苍鹰成群飞翔一般集结，是谁将他们召集起来？这
描述的是周武王出兵伐纣的情景。

就岐

出处：迁藏就岐，何能依？

解说：周太王带着积蓄的财富宝藏迁往岐山，凭借什么让部族百姓
跟从他？这说的是周部落在早期首领古公亶父的带领下迁居于岐山
的事。周武王建立周朝后追尊古公亶父为周太王。

初挚

出处：初汤臣挚，后兹承辅。

解说：最初只是汤的普通臣子的挚，后来被任命为宰相。挚就是伊
尹，他姓己，伊氏，名挚。

荆勋

出处：荆勋作师，夫何长？

解说：那些楚国的勋贵们派出军队去攻打邻国，这样如何能令国运
持久？

《惜诵》

作忠、言之

出处：所作忠而言之兮，指苍天以为正。

解说：我是出于忠直而说了那些谏言，手指苍天为证。

余心

出处：忠何罪以遇罚兮，亦非余心之所志。

解说：忠诚有什么罪过，要受到惩罚，这也不是我的心所能理解的。

愿芳

出处：播江离与滋菊兮，愿春日以为糗芳。

解说：播种香草江离和菊花，希望能在春天做成芬芳的粮草。

著明

出处：恐情质之不信兮，故重著以自明。

解说：唯恐我的真情和本质无人相信，所以要反复地书写以自我剖白。

思远

出处：矫兹媚以私处兮，愿曾思而远身。

解说：保持自己的美德来隐居吧，我反复想过隐身远藏。

《涉江》

冠云、宝璐

出处：带长铗之陆离兮，冠切云之崔嵬，被明月兮佩宝璐。

解说：我喜欢携带名曰陆离的长剑，头戴高耸的冠冕，身披发光的月明珠，腰间挂着宝玉佩。

知余

出处：世混浊而莫余知兮，吾方高驰而不顾。

解说：这世间人心混乱贪婪，没有人了解我的贤良，我现在就飞驰远去，再也不回头了。

瑶圃

出处：驾青虬兮骖白螭，吾与重华游兮瑶之圃。

解说：驾驭青虬和白螭，我与重华一起游览玉花园圃。虬和螭都是神话中的神兽，形体似龙，虬有角，螭无角。"重华"是舜帝的名字。

方林

出处：步余马兮山皋，邸余车兮方林。

解说：在水边的山岸上放任我的马漫步，将我的车停留在广阔的树林。方林，指大面积的树林。

心端

出处：苟余心其端直兮，虽僻远之何伤。

解说：如果我的心确实是端正耿直的，就算被流放到偏远的地方，又有什么可悲伤的呢？

承宇

出处：霰雪纷其无垠兮，云霏霏而承宇。

解说：洋洋洒洒的雪粒四下飘散，漫无边际，浓云厚重，似与屋檐相接。

《哀郢》

运舟

出处：将运舟而下浮兮，上洞庭而下江。

解说：将要调转船头向下游行去，要么逆流而上入洞庭湖，要么顺流而下入长江，令人左右为难。这里说的是船来到洞庭湖和长江交界处时的情景。

今东

出处：去终古之所居兮，今逍遥而来东。

解说：远离我的祖先们所居住的地方，如今我漂泊流落到了东方。

舒吾

出处：登大坟以远望兮，聊以舒吾忧心。

解说：登上江中的岛屿向远方眺望，姑且舒缓一下我那忧虑的心情。

忠湛

出处：忠湛湛而愿进兮，妒被离而鄣之。

解说：忠厚之士们愿意为国出力，却因小人妒忌加害而离散堵塞。

修美

出处：憎愠惀（lǔn）之修美兮，好夫人之忼慨。

解说：君主厌恶满心忧思的正人君子，却喜爱故作慷慨惺惺作态的
小人。

《抽思》

诚言

出处：昔君与我诚言兮，曰黄昏以为期。

解说：当初君王与我约定，在那黄昏的时候相见。

冀进

出处：悲夷犹而冀进兮，心怛伤之憺憺。

解说：悲愤犹豫却又想要有所作为，心中痛苦忧惧动荡不安。

耿著

出处：初吾所陈之耿著兮，岂至今其庸亡？

解说：当初我陈说的那些话多么清晰明白，难道现在他全都忘
记了？

荪美

出处：何毒药之謇謇兮，愿荪美之可完。

解说：为什么我总是这样忠诚耿直，是希望君主的美德能够发扬光大。这里的"毒药"指不好听但诚实的谏言，另一说实为"何独乐斯之謇謇兮"，"謇謇"意为忠诚耿直。

善由

出处：善不由外来兮，名不可以虚作。

解说：仁善的心不会从外部而来，贤德的名声不会凭空而起。

心同

出处：何灵魂之信直兮，人之心不与吾心同！

解说：为什么我的灵魂如此忠信耿直，其他人的心思都和我不同！

《怀沙》

孔静

出处：眴（xuàn）兮杳杳，孔静幽默。

解说：看那昏暗之地，是多么宁静幽深。"孔"的意思是"很"。

方圆、常度

出处：刓（wán）方以为圆兮，常度未替。

解说：把方形的木头削磨成圆的，而所持有的法度终不可以废弃。意思是即使遭遇了挫折，被人切割磨损，也不能改变内心的规则。

易初、本迪

出处：易初本迪兮，君子所鄙。

解说：更改初心道路，是君子所鄙薄的。"本迪"的意思是"本来的道路"。

厚正、质正

出处：内厚质正兮，大人所盛。

解说：内在敦厚，品质正直，是君子所盛赞的。

玄文

出处：玄文处幽兮，矇瞍谓之不章；离娄微睇兮，瞽以为无明。

解说：黑色的花纹放在幽暗处，盲人会说这太不明显；离娄眯着眼睛细看，盲人说他视力不佳。

怀瑾、瑾瑜

出处：怀瑾握瑜兮，穷不知所示。

解说：怀抱手握着美玉宝石，身处绝境，不知该告诉谁。

重仁、谨丰

出处：重仁袭义兮，谨厚以为丰。

解说：积累了仁德忠义，用谨慎敦厚的品质丰富自己。这里的"重"读音为"chóng"，积累叠加之意。

自强

出处：惩连改忿兮，抑心而自强。

〔楚辞·九章〕

解说：克制住内心的愤怒，平抑心绪让自己变得坚强。这里的"连"应为"违"，意为怨恨。

定心、广志

出处：定心广志，余何畏惧兮？

解说：我既然已经安于忠信之心，要拓广我的志向，那还有什么可畏惧的呢？

《思美人》

思美

出处：思美人兮，擥（lǎn）涕而伫眙（chì）。

解说：心中思念着那美好的人，擦去泪水，久久伫立，凝望前方。"擥"同"揽"。

志达

出处：申旦以舒中情兮，志沈菀而莫达。

解说：从夜晚到天明，想要舒展心中情感，心志却太过沉郁，难以通达。

志初

出处：欲变节以从俗兮，愧易初而屈志。

解说：试图改变自己高尚的节操，跟从那些庸俗的人，但想到要更改初衷扭曲意志便会觉得惭愧（而不能做）。

因芙

出处：因芙蓉而为媒兮，惮褰裳而濡足。

解说：想要借助开在水上的芙蓉花来做我的媒人，又担心提着裙裳踏水而行会把脚弄湿。

《惜往日》

昭诗

出处：惜往日之曾信兮，受命诏以昭诗（时）。

解说：痛惜过去的时日里曾经受到的信任，接受君王的诏命并将其昭明于世。这里的"诗"应为"时"。

《橘颂》

嘉树

出处：后皇嘉树，橘徕服兮。

解说：后土皇天所生的美树——橘树，来到这片土地，便适应了这里。

叶荣、素荣

出处：绿叶素荣，纷其可喜兮。

解说：碧绿叶片素白花，纷纷繁繁，令人喜爱。

幼志

出处：嗟尔幼志，有以异兮。

解说：赞叹你从小所立的志向，和别人那么不一样。

廓其

出处：深固难徙，廓其无求兮。

解说：根植在深深土壤中难以迁徙，心胸辽阔无欲无求。

《悲回风》

隐章

出处：鱼葺鳞以自别兮，蛟龙隐其文章。

解说：鱼儿修饰鳞片好让自己看起来与众不同，蛟龙则隐藏起身上的龙纹。

高岩

出处：上高岩之峭岸兮，处雌蜺之标颠。

解说：登上高峻石山的峭壁，身处彩虹的最高处。

湛露、凝霜

出处：吸湛露之浮源兮，漱凝霜之雰雰。

解说：吸收浓重丰盛的露水，含漱缤纷凝冻的冰霜。

清江

出处：冯昆仑以瞰雾兮，隐岐山以清江。

解说：倚靠昆仑山俯瞰云雾，隐藏在岐山中，澄清从这里流出的江水。岐山即岷山。

驰之、焉止

出处：纷容容之无经兮，罔芒芒之无纪。轧洋洋之无从兮，驰委移之焉止。

解说：心里纷纷乱乱没有规则，神思恍恍惚惚没有头绪，波涛互相倾轧没有方向，那流水奔驰转移会在哪里停息？

景光

出处：借光景以往来兮，施黄棘之枉策。

解说：我借着光景流逝去回顾过去，使用棘刺做成的弯鞭驾御。

遥思

出处：步徙倚而遥思兮，怊惝恍而乖怀。

解说：步履彷徨所思所想遥不可及，惆怅失意心中不顺。

省端、正由

出处：神倐忽而不反兮，形枯槁而独留；内惟省以端操兮，求正气之所由。

解说：我的心神突然离去，不再回返，只留下了枯瘦憔悴的身体；为了端正自己的节操，在内心反思，自我省察，寻求正义之气的来源。

静愉

出处：漠虚静以恬愉兮，澹无为而自得。

解说：清静虚己，让自己恬静愉悦，淡泊无为，让自己怡然自得。

清尘、承风

出处：闻赤松之清尘兮，愿承风乎遗则。

解说：听说过神仙赤松子的清净无尘境界，我想要继承他的遗风，遵循他留下的法则。赤松子是古代神话中的雨神，常随着风雨在天空中飞行，炎帝的小女儿亦追随他成仙而去。

辰星

出处：奇傅说之托辰星兮，羡韩众之得一。

解说：传说骑星升天多么神奇，韩众服药成仙令人羡慕。

灵晔

出处：恐天时之代序兮，耀灵晔而西征。

解说：惊恐于时间的流逝，季节的转换，太阳光芒闪耀却又匆忙西去。"耀灵"是古人对太阳的别称。"晔"的意思是闪亮。

晨舒、向风

出处：谁可与玩斯遗芳兮，晨向风而舒情。

解说：谁能和我一起品味这残留的花草呢，我只能在早晨面向清风纾解我的情怀。这里的"晨"字，有的版本也作"长"。

从乔

出处：轩辕不可攀援兮，吾将从王乔而娱戏。

解说：上古的圣君轩辕氏我无法攀附触及了，我要跟从王子乔去优游嬉戏。轩辕氏即黄帝，传说黄帝乘龙升天，大臣们有的攀上龙身，跟随而去，王子乔是《列仙传》中记载的一位仙人，即周灵王的太子晋。

含霞

出处：餐六气而饮沆瀣兮，漱正阳而含朝霞。

解说：以六种天地之气为食，饮用夜间凝结的露水，口中漱正阳之气，含清晨的霞光。

保明、之清、之澄

出处：保神明之清澄兮，精气入而粗秽除。

解说：保持心神的清澈澄明，将精纯之气导入，而将粗鄙污秽之气逐除。

顺凯

出处：顺凯风以从游兮，至南巢而壹息。

解说：顺着南风而游走，到了南巢国才休息。南巢国是商朝开国之君成汤放逐夏朝末代君主夏桀的地方。

夕晞

出处：朝濯发于汤谷兮，夕晞余身兮九阳。

解说：清晨在汤谷洗我的头发，黄昏时九个太阳晒干了我的身体。汤谷也作旸谷，是古代神话中太阳沐浴休息的地方，那里有温泉，还有一棵扶桑树，十个太阳就住在树上。这十个太阳每天只出去一个，其余九个留守，故屈原说以九阳晒身体。

飞泉、怀琬、怀琰、华英

出处：吸飞泉之微液兮，怀琬琰之华英。

解说：吮吸飞谷的液滴，怀抱着美玉的精华。"飞泉"指飞谷，位于昆仑之南。

嘉炎、丽冬、丽荣、冬荣

出处：嘉南州之炎德兮，丽桂树之冬荣。

解说：嘉许赞美南方国度气候是如此温暖，以及桂树在冬天也如此繁茂。

问微

出处：召丰隆使先导兮，问大微之所居。

解说：召唤来丰隆让他引导我前行，询问大微在哪里。丰隆，是楚人神话中的雷神或云神。"大微"也作太微，是神话中的天庭所在地。

为旌、为麾

出处：揽彗星以为旌兮，举斗柄以为麾。

解说：揽取彗星作为旌旗，举起斗柄作为军旗。旌和麾都是古代军队所用的旗帜。

欣美

出处：内欣欣而自美兮，聊媮娱以自乐。

解说：内心欣喜觉得自己很是美好，暂且快乐嬉戏一番让自己开心。

湘灵、海若

出处：使湘灵鼓瑟兮，令海若舞冯夷。

解说：让湘水神弹奏瑟，让海神和黄河神跳舞。湘灵就是湘水的河神，"海若"是海神名，"冯夷"是河伯名，河伯即黄河神。

至清、与泰、与初

出处：超无为以至清兮，与泰初而为邻。

解说：超越无为的层次而达到最为清净的境界，与天地最初的元气并列，成为比邻。"泰初"也作太初，是道家观念中宇宙最原始的"气"。

朴忠

出处：吾宁悃（kǔn）悃款款朴以忠乎？将送往劳来斯无穷乎？

解说：我是应该诚实勤勉，做一个本质忠厚的人呢？还是应该整日迎来送往地与人应酬周旋呢？"悃款"说的是诚实勤勉之貌，"朴"指的是人之本质。

力耕

出处：宁诛锄草茅以力耕乎？将游大人以成名乎？

解说：我是应该在田间锄草耕种劳作一生呢？还是应该去和大人物们交游以博取虚名呢？

正言

出处：宁正言不讳以危身乎？将从俗富贵以媮生乎？

解说：我是应该坚持直言不讳不惜危害自己呢？还是应该随波逐流贪恋富贵苟且偷生呢？

超然

出处：宁超然高举以保真乎？将哫（zú）訾栗斯喔咿儒儿以事妇人乎？

解说：我是应该超脱尘俗隐居高山之中以保全我的本真呢？还是应该强颜欢笑说一些献媚讨好的话语去侍奉贵妇人呢？这里说的"妇人"，有人认为是指楚怀王的宠姬郑袖。

昂若、若驹

出处：宁昂昂若千里之驹乎？将泛泛若水中之凫，与波上下，偷以全吾躯乎？

解说：我是应该气势昂然如年幼鲁莽的千里马呢？还是应该随波游荡如水上野鸭，在水波中上上下下，只为保全自己性命呢？

与骐、与骥

出处：宁与骐骥亢轭乎？将随驽马之迹乎？

解说：我是应该和骏马并驾齐驱呢？还是应该与那些劣马为伍呢？

与鹄

出处：宁与黄鹄比翼乎？将与鸡鹜争食乎？

解说：我是应该与高翔的大鸟比翼飞往千里之外呢？还是应该和鸡鸭争夺口中之食？

独清

出处：屈原曰："举世皆浊我独清，众人皆醉我独醒，是以见放。"

解说：屈原说："世上处处充斥污秽浑浊，只有我一个人清白着，人人都像喝醉了一般糊里糊涂，只有我一个人清醒着，所以我被放逐了。"

圣凝

出处：渔父曰："圣人不凝滞于物，而能与世推移。"

解说：渔父说："圣明的人不会被外界事物所牵制，而会随着外界事物而变化。"

以察、以皓

出处：屈原曰："吾闻之，新沐者必弹冠，新浴者必振衣。安能以身之察察，受物之汶汶者乎？宁赴湘流，葬于江鱼之腹中。安能以皓皓之白，而蒙世俗之尘埃乎？"

解说：屈原说："我听说，刚洗过头的人一定会轻弹他的冠帽，刚洗完身体的人一定会抖动他的衣服，清洁的身体怎么能受外物的玷污呢？我宁可投身湘江，葬于江中鱼儿的口腹，又怎能以洁净的纯白去蒙受世俗的污尘呢？"

渔莞

出处：渔父莞尔而笑，鼓枻而去。

解说：渔父听了屈原所说的话，微微一笑，摇起船桨远去。

沧清、复言

出处：歌曰："沧浪之水清兮，可以濯吾缨；沧浪之水浊兮，可以濯吾足。"遂去，不复与言。

解说：（渔父）高声唱道："沧浪之水清清啊，可以洗我的冠缨；沧浪之水浑浊啊，可以洗我的双足。"于是离开了，不再与我交谈。

燕归、燕辞

出处：燕翩翩其辞归兮，蝉寂漠而无声。

解说：燕子翩翩飞舞，辞别此地，南归而去，蝉也变得寂然无声。

雁南

出处：雁廱（yōng）廱而南游兮，鹍鸡啁哳而悲鸣。

解说：大雁鸣声悠扬，向南飞去，鹍鸡啼叫频频，悲意十足。鹍鸡是一种长得像鹤的鸟，羽白，叫声细小而频繁。

谅直

出处：私自怜兮何极，心怦怦兮谅直。

解说：自我怜惜啊哪能终了，心中急切啊诚实正直。

芳蔼

出处：离芳蔼之方壮兮，余萎约而悲愁。

解说：壮盛之年的芬芳已经散落远离，我像草木枯萎一般走入穷途末路，深感悲伤与忧愁。

恢夏

出处：收恢台之孟夏兮，然欿（kǎn）傺（chì）而沉藏。

解说：夏天的茂盛景象已经收敛，万物变得沉郁敛藏。"恢台"也作恢怠或恢炱，意思是宽广、宏大。"欿傺"的意思是停止，即不再生长，收敛起来。

容倚

出处：澹容与而独倚兮，蟋蟀鸣此西堂。

解说：恬淡闲散地独自倚立，听蟋蟀在西堂发出低鸣。

蕙华、蕙实

出处：窃悲夫蕙华之曾敷兮，纷旖旎乎都房。何曾华之无实兮，从风雨而飞飏。

解说：暗自悲伤于蕙兰之花累累绽放，在宽阔的宫苑中缤纷繁茂。却为什么开繁复的花却不结果实呢？只得随风雨四处飞散了。"都"的意思是大；"房"指北堂，是古人种植花草的地方。

凤翔、翔举

出处：凫雁皆唼夫梁藻兮，凤愈飘翔而高举。

解说：野鸭野雁忙着啄食粱米和水草，凤凰高飞远去，不愿与之为伍。

知怀

出处：鸟兽犹知怀德兮，何云贤士之不处？

解说：鸟兽尚且知道怀慕美德，为什么说贤良之士不愿意留在这里？

初德

出处：欲寂漠而绝端兮，窃不敢忘初之厚德。

解说：想要沉寂下来漠然不语，不再让人知道我心之端绪，但私下里又不敢忘记当初君主施予的深厚恩德。

学诵

出处：然中路而迷惑兮，自压桉而学诵。

解说：然而在半途便迷失方向而感到困惑，只得自我抑制，学习写作那些适于读诵的文章。这句话的意思是，作者因为失去人生的方向而无所适从，只能压制自己的情感，寄情于文学创作。

慕先、慕圣

出处：独耿介而不随兮，愿慕先圣之遗教。

解说：我独为人正直不随同世俗，愿追慕先代圣人留下的礼教。

守高

出处：与其无义而有名兮，宁穷处而守高。

解说：与其做个不讲道义的人而收获世俗虚名，不如安心待在穷困里，独守高尚的节操。

慕诗、慕风、志素

出处：窃慕诗人之遗风兮，愿托志乎素餐。

解说：私下里仰慕先代圣人们的风范，愿过节俭的生活以实现理想。

靓秋

出处：靓杪（miǎo）秋之遥夜兮，心缭悷而有哀。

解说：宁静晚秋的无尽长夜，心中愁思缭绕，十分哀愁。"靓"，音"静"，也作"儬"，意思是寒凉，也有人解释为通"静"，意思是宁静。

尚瑕

出处：彼日月之照明兮，尚黮黮（dàn）而有瑕。

解说：那太阳和月亮的光明，尚且会变得昏暗，出现瑕疵。

心焉

出处：谅无怨于天下兮，心焉取此怵惕？

解说：天下人确实都不生怨言，心里哪会有恐惧呢？意思是如果天下人都心中无怨，统治者也就无须恐惧了。

浏浏

出处：乘骐骥之浏浏兮，驭安用夫强策？

解说：骑乘骏马如流水般畅行，又何须强硬的马鞭来驱使？

国骥

出处：国有骥而不知桀（乘）兮，焉皇皇而更索？

解说：自己国家有善于驰骋的骏马，却不去御乘，为什么慌慌张张地到处去搜寻千里马？"桀"同"乘"。

纯忠

出处：纷纯纯之愿忠兮，妒被离而鄣之。

解说：一颗心完全地忠于君主，却被形形色色的妒忌所阻挡。"纯纯"意为忠诚，有的版本也作"忳忳"，意思是"专一的样子"。

志云

出处：愿赐不肖之躯而别离兮，放游志乎云中。

解说：希望君王赐我远离，我将放纵自我于云天之上。

（三）《论语》起名实例

时习	有朋	朋远	亦乐	亦君	务本	道生	省吾	谨信	学文
贤贤	谓学	君重	则威	学固	礼和	知和	可复	敏慎	道正
齐礼	且格	如愚	知新	先行	行言	言从	君周	学思	知之
慎行	禄中	人仁	问礼	礼本	宁俭	君争	素绚	素绘	周郁
郁文	从周	爱礼	语乐	纯如	以成	君至	谓韶	谓武	善美
里仁	仁美	择仁	处约	处乐	安仁	利仁	唯仁	志仁	朝闻
怀德	忠恕	君喻	贤齐	以约	言敏	若君	鲁君	器也	仁雍
望回	闻一	知十	有闻	敏学	敏文	谓文	养惠	久敬	及知
斐章	知裁	如丘	可简	行简	居简	回乐	君儒	由道	文质
彬然	语上	务民	民义	知乐	仁乐	乐山	仁静	仁寿	鲁一
至道	博文	约礼	德庸	博民	济众	己立	己达	述信	信古
比彭	默识	学海	德修	徙义	申申	志道	据德	依仁	游艺
闻韶	雅诗	雅书	雅礼	敏求	善从	德予	以文	以行	以忠
以信	仁至	宁固	弘毅	兴诗	立礼	成乐	民由	民知	才美
巍巍	唯尧	焕章	纵圣	苗秀	秀实	唯谨	侃如	与如	先礼
从先	知生	言中	铿尔	春咏	为国	以礼	克己	复礼	为仁
在邦	民信	成美	帅正	友文	友仁	可言	如农	如圃	诗达
善邦	君和	君泰	毅讷	偲怡	即戎	危言	危行	德言	仁勇
君若	尚若	时然	乐然	义然	觉贤	骥德	修敬	修安	非与
非也	知德	正南	立参	倚衡	夫行	邦仕	则仕	善利	事贤

夏时	自厚	义质	礼行	信成	其恕	斯民	人弘	弘道	益三
天畏	思明	思聪	思忠	思敬	思义	义达	闻语	闻诗	闻礼
诺仕	敏慧	何言	勇义	义上	知津	逸民	执弘	贤容	近思
学致	君俨	君温	君厉	言慎	执中				

《学而第一》

时习

出处：学而时习之，不亦说乎？

解说：在学习上，时时复习所学的内容可保学业不荒废，这难道不是值得喜悦快乐的事吗？

有朋、朋远、亦乐

出处：有朋自远方来，不亦乐乎？

解说：志同道合的同学、友人从远方来访，这难道不令人开心快乐吗？

亦君

出处：人不知而不愠，不亦君子乎？

解说：普通人因为不懂某些道理而犯错，以宽恕之心待之，不怨不怒，这难道不是君子应有的风范吗？

务本、道生

出处：君子务本，本立而道生。孝悌也者，其为仁之本与。

解说：君子要着力建立根基，根基立住了，心中自然就会生出道义。能够以孝悌对待父兄，这就是成就仁道的根基。

省吾

出处：曾子曰："吾日三省吾身：为人谋而不忠乎？与朋友交而不信乎？传不习乎？"

解说：曾子说："我每天要检查自己在三件事上做没做错：为人谋事，是否不忠诚？与朋友交往，是否不守信？老师传授的学问，是否没有温习？"曾子是孔子的学生，名叫曾参，字子舆。

谨信、学文

出处：弟子入则孝，出则悌，谨而信，泛爱众，而亲仁。行有余力，则以学文。

解说：为人子弟，对父母兄长要尽孝悌之道，恭谨诚信，博施关爱于众人，并对有仁德的人格外地亲近。能够做到以上这些，而还有闲暇余力，就可以去学习上古先圣所留下的文章。意思是，对于先贤的主张和观念，应该先实践，再去学习理论。

贤贤、谓学

出处：子夏曰："贤贤易色，事父母能竭其力，事君能致其身，与朋友交言而有信。虽曰未学，吾必谓之学矣。"

解说：子夏说："把贪恋姿色之心换成崇尚美德之心，侍奉父母竭尽全力，辅佐君主不惜己身，与朋友交往信守承诺。这样的人，即使没有拜师学过君子之道，但也可以算是有学问的人。"子夏是孔子的弟子，名叫卜商。

君重、则威、学固

出处：君子不重则不威，学则不固。

解说：如果君子的品格不够敦厚稳重，为人气势就不威严，学问也不牢固。

礼和、知和

出处：有子曰："礼之用，和为贵。先王之道，斯为美，小大由之。有所不行，知和而和，不以礼节之，亦不可行也。"

解说：有子说："礼的功用，最重要的是使事物变得调和。在古代圣王的行事之道中，这礼就是最好的，不管是大事还是小事，都要用礼去调节。遇到行不通的事，知道要调和而去调和，却不用礼去调和，那也还是行不通。"有子是孔子的弟子，名叫有若，字子有。

可复

出处：有子曰："信近于义，言可复也；恭近于礼，远耻辱也；因不失其亲，亦可宗也。"

解说：有子说："约定的事要合乎义，这样的约定才能兑现；恭谨的态度要合乎礼，这样的恭谨才能不被看作耻辱；依靠那些关系亲密的人，这样才是可靠的。"

敏慎、道正

出处：君子食无求饱，居无求安，敏于事而慎于言，就有道而正焉，可谓好学也已。

解说：君子对食物不要求吃饱，对居所也无暇谋求安定，在事业学业上十分急切于探索，但不轻易发表意见，喜欢接近道学深厚之人，以求其指正，这样的话就可以称为好学了。

《为政第二》

齐礼、且格

出处：道之以政，齐之以刑，民免而无耻；道之以德，齐之以礼，有耻且格。

解说：用法政去引导，用刑罚去制裁，人民只想设法避免或逃脱罪责，并无耻辱心；用德行去引导，用礼法去治理，人民便有了耻辱心，并且能自我纠正。

如愚

出处：吾与回言终日，不违如愚。退而省其私，亦足以发，回也不愚。

解说：我和颜回交谈一整天，他都不提反对的意见，就像个愚钝的人。但下课后我观察颜回与其他学生的私下交谈，他对我的观点阐述充分，可见颜回并不愚笨。颜回是孔子最喜欢的学生，字子渊，所以也叫颜渊。

知新

出处：温故而知新，可以为师矣。

解说：温习学过的功课以使自己不忘所学，同时又不断学习新的功课，这样就可以当老师了。

先行、行言、言从

出处：子贡问君子。子曰："先行其言而后从之。"

解说：子贡向孔子请教"如何成为君子"的问题。孔子说："先实践于行动，后诉诸语言。"意思就是君子行胜于言，做先于说。子贡是孔子的弟子，名叫端木赐。

君周

出处：君子周而不比，小人比而不周。

解说：君子善于团结，彼此忠实诚信，但不会攀附结党，小人喜欢攀附结党，却难以做到团结，彼此不忠不信。

学思

出处：学而不思则罔，思而不学则殆。

解说：一味学习新知识而不揣摩思考，就会陷于迷惘，没有收获，而光思考却不学习新的知识，则会变得精神疲惫且没有功效。

知之

出处：知之为知之，不知为不知，是知也。

解说：知道就是知道，不知道就是不知道，这才是真正的智慧。意思是承认自己有所知有所不知、知道才说、不知道不乱说的人，才是真正有学问的人。

慎行、禄中

出处：多闻阙疑，慎言其余，则寡尤；多见阙殆，慎行其余，则寡悔。言寡尤，行寡悔，禄在其中矣。

解说：多听，对听到的事情有所疑惑则不急于判断，先放在一边，谨慎地表述那些能够确定的事，就能减少过错；多看，看到危险可疑的事不要做，只做那些安全的，就能减少悔恨。说话不犯错，做事不悔恨，出仕做官的前途就在其中了。

《八佾第三》

【论语】

人仁

出处：人而不仁，如礼何？人而不仁，如乐何？

解说：一个人如果没有仁德之心，不可能实行好礼乐的。因为儒家的礼乐制度就是以仁德之心为基础而建立，没有仁德作内核，外在形式再完美，也不能实现真正的礼乐。

问礼、礼本、宁俭

出处：林放问礼之本。子曰："大哉问！礼，与其奢也，宁俭。丧，与其易也，宁戚。"

解说：林放向孔子请教礼的本质。孔子说："这个问题非常重要！礼，就是与其奢侈丰富，不如简朴。而丧礼呢，与其仪式周全，不如内心真正的悲哀。"林放是一个鲁国儒者。孔子向他言简意赅地阐述了"礼"本于"心"这样一个儒学基础观念。

君争

出处：君子无所争，必也射乎！揖让而升，下而饮，其争也君子。

解说：君子不会相互争夺，若有所争夺，就是在射礼上了。射礼上大家先是彼此作揖谦让，然后才一起登上石阶，进入殿堂，射完箭后再彼此作揖谦让，退下后开始宴饮，这种争斗也是非常君子的。"射"即儒家的射礼，是一种贵族比赛射箭技艺的仪式。

素绚、素绘

出处：子夏问："巧笑倩兮，美目盼兮，素以为绚兮，何谓也？"子曰："绘事后素。"

解说：子夏问："'娇媚可爱的笑容，清澈明亮的眼睛，就像是洁白素绢上画出的绚丽画面'，这是什么意思？"孔子说："意思是色彩缤纷的画面都是绘制在素白底色上的。"子夏向孔子请教的是《诗经》中的诗句，"巧笑倩兮，美目盼兮"见于《卫风·硕人》，"素以为绚兮"今文不存。

周郁、郁文、从周

出处：周监于二代，郁郁乎文哉！吾从周。

解说：周代的礼仪制度借鉴于夏、商二代，蓬勃丰富啊！所以我选择跟从周代。孔子崇周，认为周代的文明礼制是最为完备的。

爱礼

出处：子贡欲去告朔之饩（xì）羊。子曰："赐也！尔爱其羊，我爱其礼。"

解说：子贡想要把每个月朔日祭祀用羊的礼仪废除。孔子说："赐啊，你舍不得你的羊，但我舍不得的是礼啊！"朔日是每个月的初一，古代诸侯这一天要在祖庙祭祀，向祖先报告自己所办的各种事务，此礼称为"告朔"。告朔之礼非常重要，所以孔子不赞成子贡减少祭祀花费的想法。

语乐、纯如、以成

出处：子语鲁大师乐，曰："乐其可知也。始作，翕如也；从之，纯如也，皦如也，绎如也，以成。"

解说：孔子对鲁国乐官谈音乐，说道："音乐是可知的。一开始为所有乐器的和谐共奏，随后是纯正、清亮、绵长的曲调，这样就成了。""大师"是乐官名，也叫大司乐。

君至

出处：仪封人请见，曰："君子之至于斯也，吾未尝不得见也。"从者见之。

解说：仪地的封人求见孔子，说："凡是到仪地这里来的贤德君子，我从来没有不拜见求教的。"于是孔子的弟子便带他去见了孔子。仪地是卫国的边疆地带，仪封人就是驻守该地的低级官员，此人官职低微但求知若渴，见过孔子后更是非常钦佩敬服。

谓韶、谓武、善美

出处：子谓《韶》："尽美矣，又尽善也。"谓《武》："尽美矣，未尽善也。"

解说：孔子谈《韶》："美妙到极点了，仁善到极点了。"谈《武》："美妙到极点了，但还不够仁善。"《韶》《武》都是乐曲名，前者传说为虞舜时期的音乐，后者传说为周武王时期的音乐。孔子认为虞舜时期，君位更迭以禅让方式进行，因此音乐最为和谐，完全合乎仁德。周武王虽然是为了推翻暴政而讨伐商纣王，毕竟是臣讨伐君，且手段暴力，不完全合乎仁德。

《里仁第四》

里仁、仁美、择仁

出处：里仁为美。择不处仁，焉得知？

解说：邻里之中有仁德之人是最美好的事，选择那些不仁德的人为邻里，这怎么能算明智呢？

处约、处乐

出处：不仁者不可以久处约，不可以长处乐。

解说：不仁德的人不能长久地待在简约质朴的环境里，也不能长久地处于幸福安乐的心态里。

安仁、利仁

出处：仁者安仁，知者利仁。

解说：有仁德的人是安然固守着他的仁德，有智慧的人则是能看到行仁德之事的好处。

唯仁

出处：唯仁者能好人，能恶人。

解说：只有仁德的人才能明辨是非，从而无私地喜爱那些应该被喜爱的人，无畏地憎恶那些应该被憎恶的人。

志仁

出处：苟志于仁矣，无恶也。

解说：如果是有志于仁德的，那么即使本身有些过错，所行之事不是好事，那也不是令人憎恶的。意思是说，确实有些人是出于仁德的初衷，但办了不那么仁德的事，这样的人，其追求仁德的心，还是应该肯定的。

朝闻

出处：朝闻道，夕死可矣！

解说：早上知道了真理，晚上就算死去也不觉得遗憾了。

怀德

出处：君子怀德，小人怀土；君子怀刑，小人怀惠。

解说：君子怀慕的是仁德，普通人怀慕的是故乡风土；君子怀慕的是清明严肃的刑治，小人怀慕的是惠利不断的宽政。

忠恕

出处：曾子曰："夫子之道，忠恕而已矣。"

解说：曾子说："夫子的学说，就是忠义和宽恕而已。"曾子是孔子的弟子，名叫曾参。这里是孔子和曾参的一段对话，孔子说他的学说只有一个内核，曾参表示他知道，后来别人问曾参这到底是什么意思，曾参便说，孔子学说的内核就是忠与恕。

君喻

出处：君子喻于义，小人喻于利。

解说：君子能够理解忠义，小人能够理解利益。因为君子能纵观全局，所见所想所了解的事情都与忠义有关，而小人只看小节，所见所想所了解的事情都与利益有关。

贤齐

出处：见贤思齐焉，见不贤而内自省也。

解说：见到贤德之人，便想着能追赶并达到对方的水准，见到不贤德的人，便自我省察一番，思考如何避免犯对方那样的错误。

以约

出处：以约失之者鲜矣。

解说：懂得约束自己，还会犯错误，这样的人是很少见的。

言敏

出处：君子欲讷于言而敏于行。

解说：君子应该在语言上迟缓一些，但在行动上敏捷一些。意思是君子要少说多做，晚说早做。

《公冶长第五》

若君、鲁君

出处：子谓子贱："君子哉若人！鲁无君子者，斯焉取斯？"

解说：孔子评价子贱说："这人是君子啊！鲁国如果没有君子，这好品质他是从哪儿来的呢？"子贱是孔子的弟子，名叫宓不齐。

器也

出处：子贡问曰："赐也何如？"子曰："女器也。"曰："何器也？"曰："瑚琏也。"

解说：子贡问孔子："赐（我）怎么样？"孔子说："你是重器。"子贡说："我是什么重器呢？"孔子说："瑚琏。"孔子把弟子子贡比作瑚琏，这是一种盛装粮食的玉器，用于国家级别的祭祀仪式，平时放在宗庙中，非常贵重。可见孔子对子贡很看重。

仁雍

出处：或曰："雍也仁而不佞。"子曰："焉用佞？与御人以口给，屡憎于人。不知其仁，焉用佞？"

解说：有人说："冉雍很仁德，但他口才不好。"孔子说："做人何须有口才呢？与别人做口舌之争，不断地招惹别人憎厌，这样的人，我不知道仁德在哪里。做人何须有口才呢？"冉雍是孔子的弟子，字仲弓。

望回、闻一、知十

出处：子谓子贡曰："女与回也孰愈？"对曰："赐也何敢望回？回也闻一以知十，赐也闻一以知二。"

解说：孔子问子贡："你和颜回，谁更强？"子贡回答说："我哪里敢和颜回相比？颜回听到一个道理，可以推知十个道理，我听到一个道理，也就能推知两个道理罢了。"

有闻

出处：子路有闻，未之能行，唯恐有闻。

解说：子路每次听到了什么新的道理，如果还没有来得及亲自实行，就很怕又听到新的道理。意思是说，子路的原则是认同什么道理就要去实行。他非常坚持这个原则，且性子很急，所以就会为了认同的道理越来越多导致实行不及而焦虑。子路是孔子的弟子，名叫仲由。

敏学、敏文、谓文

出处：敏而好学，不耻下问，是以谓之文也。

解说：聪慧而热爱学习，遇到不懂的事不介意向比自己地位低的人请教，这样的品质就是"文"。卫国大夫孔圉死时，谥号为"文"，有人问"文"是什么意思，孔子作了如上解释。

养惠

出处：子谓子产："有君子之道四焉：其行己也恭，其事上也敬，其养民也惠，其使民也义。"

解说：孔子谈到子产时说："他有四种君子的道义：为人处世谦逊恭敬，侍奉君上忠心不二，爱护百姓常施惠利，役使百姓不失恩义。"子产是孔子的弟子，名叫公孙侨。

久敬

出处：晏平仲善与人交，久而敬之。

解说：晏平仲很擅长与人交往，时间越长，人们越敬重他。晏平仲名晏婴，是齐国名相，通常被尊称为晏子。

及知

出处：子曰："宁武子，邦有道，则知；邦无道，则愚。其知可及也，其愚不可及也。"

解说：孔子说："宁武子这个人，所在邦国讲道义，他就表现得很有智慧；所在邦国无道义，他就表现得愚钝糊涂。他的智慧很多人都比得上，但他装傻的水平没人能比得上。"宁武子名叫宁俞，是卫国的大夫。

斐章、知裁

出处：子在陈曰："归与！归与！吾党之小子狂简，斐然成章，不知所以裁之。"

解说：孔子在陈国时说："回去吧！回去吧！我门下的子弟们雄心勃勃，却心思粗略，言辞非常漂亮华美，却不知道该如何节制修剪。"

如丘

出处：十室之邑，必有忠信如丘者焉，不如丘之好学也。

解说：就算是只有十户人家的小地方，也一定会出现像我这样忠诚守信的人，只是不一定有我这么善于学习。丘是孔子的名字。

《雍也第六》

可简、行简、居简

出处：仲弓问子桑伯子，子曰："可也简。"仲弓曰："居敬而行简，以临其民，不亦可乎？居简而行简，无乃大简乎？"子曰："雍之言然。"

解说：仲弓询问子桑伯子这个人，孔子说："这个人可以，他为人很简约。"仲弓说："如果是带着一颗恭敬谨慎之心，尽量地把所做的事简化，这样来治理百姓，不就是很好的吗？但如果初心就只想简单粗疏，行为上也简单粗疏，那是不是过于简单粗疏了呢？"孔子说："雍说得很对。"仲弓即冉雍，子桑伯子其人不详，有人认为他是春秋末年的鲁国隐士子桑户，也有人认为他可能是秦国人公孙支（字子桑）或其后代。

回乐

出处：贤哉回也！一箪食，一瓢饮，在陋巷，人不堪其忧，回也不改其乐。贤哉，回也！

解说：颜回真是贤德啊！用箪装饭食，用瓢喝水，住在简陋的里巷中，世人都会觉得这样的生活令人忧愁，但颜回对此乐在其中，从不改变。贤德呀，颜回！箪是一种竹编器皿，古人用来装饭。

君儒

出处：子谓子夏曰："女为君子儒，无为小人儒。"

解说：孔子对子夏说："你要做个君子式的学者，不要做小人式的学者。"这里所说的"君子儒"，是指那些关注研究事物本质的学者，而"小人儒"则是指那些关注追逐细枝末节的学者。子夏就是有这个毛病，所以孔子特意提醒他。

由道

出处：谁能出不由户？何莫由斯道也。

解说：谁能不通过门户便走出屋子呢？为什么没有人愿意走仁义之道这条必经之路呢？

文质、彬然

出处：质胜文则野，文胜质则史，文质彬彬，然后君子。

解说：质朴心胜于雕琢心，人就显得野气，雕琢心胜于质朴心，人就显得官气，雕琢心和质朴心搭配得当，才能造就君子的格调。意思是想成为君子，既不能太随意放纵小节（教养），也不能过于在意对外表（礼法）的讲究。

语上

出处：中人以上，可以语上也；中人以下，不可以语上也。

解说：资质在中等以上的人，可以跟他讨论上等的学术；资质在中等以下的人，不可以跟他讨论上等的学术。

务民、民义

出处：樊迟问知，子曰："务民之义，敬鬼神而远之，可谓知矣。"

解说：樊迟请教什么是智慧，孔子说："为了维护人民道义而努力，敬重祖先神灵但与之保持距离，这就是智慧。"樊迟是孔子的弟子，名樊须，字子迟。

知乐、仁乐、乐山、仁静、仁寿

出处：知者乐水，仁者乐山；知者动，仁者静；知者乐，仁者寿。

解说：智慧的人喜欢江河湖海，仁德的人喜欢山野丘陵；智慧的人喜欢活动，仁德的人喜欢安静；智慧的人心情愉悦，仁德的人年寿长久。

鲁一、至道

出处：齐一变，至于鲁；鲁一变，至于道。

解说：齐国一旦变革，就能达到鲁国的程度；鲁国一旦变革，就能成为王道之国。孔子认为齐国有霸主的功业，富裕而强大，但其制度要向秉承周礼的鲁国看齐，而鲁国的制度再进一步地发展，便可以实现儒家最高的理想，达到王道的水平。

博文、约礼

出处：君子博学于文，约之以礼，亦可以弗畔矣夫。

解说：君子应该把学术视野拓宽，学习各家之说，同时用周礼来约束自己，这样就可以做到不背叛自己的学术原则。意思是，对儒家学者来说，学术虽无禁忌，什么都可以去学，但必须有自我约束的意识，这样做的才是君子。

德庸

出处：中庸之为德也，其至矣乎！民鲜久矣。

解说："中庸"作为一种道德，可以说是最为高级的！而在民众之中，这种道德已经很久看不到了。

博民、济众、己立、己达

出处：子贡曰："如有博施于民而能济众，何如？可谓仁乎？"子曰："何事于仁，必也圣乎！尧舜其犹病诸！夫仁者，己欲立而立人，己欲达而达人。能近取譬，可谓仁之方也已。"

解说：子贡说："如果有人广泛地向人民施与恩惠，使大多数人能得到救济，那这个人怎么样呢？他算不算一个仁德的人？"孔子说："这样的人不止是仁德，可以说是圣贤！连圣王尧和舜都不如他！仁德，就是自己想有所建立，便会帮助别人建立，自己想要通达，便会帮助别人通达。凡事由己推人，这就是推行仁政的好方法了。"

《述而第七》

述信、信古、比彭

出处：述而不作，信而好古，窃比于我老彭。

解说：只讲述而不写作，相信且喜爱古代，我把我自己比作上古时期的彭祖。彭祖是传说中的古代贤者。孔子表达的是自己追慕崇尚上古文化的心态，并不是说他真的"述而不作"。

默识、学诲

出处：默而识之，学而不厌，诲人不倦，何有于我哉？

解说：把看到听到的事物默默地记在心里，自我学习不厌烦，教育他人不厌倦，这些事，我做到了多少呢？

德修、徙义

出处：德之不修，学之不讲，闻义不能徙，不善不能改，是吾忧也。

解说：不修炼仁德，不研讲学识，听闻道义之所在，不能去赶过去，知道自己哪里做得不好却不能改，这些都是让我忧心的。

申申

出处：子之燕居，申申如也，夭夭如也。

解说：孔子在家中闲坐时，也穿得整齐体面，姿态和顺舒适。意思是孔子在家里时的样子看起来很舒服，平静顺和，体现了他的高深修养。

志道、据德、依仁、游艺

出处：志于道，据于德，依于仁，游于艺。

解说：以道义为志向，以美德为依据，以仁心为凭借，以君子六艺为游乐。六艺指礼、乐、射（射箭）、御（驾马车）、书、数。

闻韶

出处：子在齐闻《韶》，三月不知肉味，曰："不图为乐之至于斯也。"

解说：孔子在齐国听到了《韶》乐，深受震撼，久久难忘，甚至好长时间吃肉都吃不出味儿来，他感叹道："没想到作乐能达到这样的程度！"

雅诗、雅书、雅礼

出处：子所雅言，诗、书、执礼，皆雅言也。

解说：孔子使用雅言的时候，就是在读《诗经》《尚书》和在仪式上执行礼仪时，这些他都用雅言。古代西周人所说的语言叫雅言，也叫正言。这段话还有一种解释，即"讲《诗经》、讲《尚书》、讲执行礼仪，这都是孔子平素经常言说的事情"，"雅"被解释为"平素"。

敏求

出处：我非生而知之者，好古，敏以求之者也。

解说：我不是生下来就拥有智慧的人，我喜爱古代的文化，所以敏锐地去学习它们。

善从

出处：三人行，必有我师焉。择其善者从之，其不善者改之。

解说：三个人一起走，我就会从中发现能成为我老师的人。我会从他们身上找到优点来学习，找到缺点来对照改善自己。

德予

出处：子曰："天生德于予，桓魋（tuí）其如予何？"

解说：孔子说："天将仁德赐予了我，桓魋能把我怎么样呢？"桓魋是宋国的司马，他想在孔子周游列国经过宋国时杀了孔子，弟子们劝孔子赶紧跑，孔子便说了上述的话。

以文、以行、以忠、以信

出处：子以四教：文、行、忠、信。

解说：孔子对弟子有四项教育：文化、实践、忠诚、守信。

仁至

出处：仁远乎哉？我欲仁，斯仁至矣。

解说：仁德离我们远吗？只要我想要仁德，仁德就会来了。

宁固

出处：奢则不孙，俭则固。与其不孙也，宁固。

解说：奢侈会使人不谦逊，简朴过头则使人粗陋。但与其不谦逊，倒不如粗陋。

《泰伯第八》

弘毅

出处：曾子曰："士不可以不弘毅，任重而道远。仁以为己任，不亦重乎？死而后已，不亦远乎？"

解说：曾子说："作为士人，为人不可以不宏大宽容且刚毅果断，因为身上的责任很重，要走的道路很远。培养自己的仁德就是身上的责任，难道不重吗？培养自己的仁德这件事，直到死了才能说是完成了，难道不远吗？"

兴诗、立礼、成乐

出处：兴于《诗》，立于礼，成于乐。

解说：教育子弟要从讲授《诗经》开始，培养文化修养的萌芽，通过讲授礼来使学生建立正确的思想观念，最后，通过学习音乐而成就完整的人格。

民由、民知

出处：民可使由之，不可使知之。

解说：可以让民众跟随，但不要让他们知道。这句话有很多种解释，有人认为是孔子轻视民众，认为民众没必要教育，只要给他们下令就行了，也有人认为孔子的意思是君主应该以身作则，把事情做给民众看，而不是用嘴说，用命令去指挥。

才美

出处：如有周公之才之美，使骄且吝，其余不足观也已。

解说：就算一个人有周公那样好的才华，假如他骄横而吝啬，那其他的品质再好也没什么意义了。

巍巍

出处：巍巍乎！舜禹之有天下也，而不与焉。

解说：这是多么崇高的思想境界啊！舜和禹接受禅让成为天下的君主，并不是为了自己。

唯尧、焕章

出处：大哉尧之为君也！巍巍乎，唯天为大，唯尧则之。荡荡乎，民无能名焉。巍巍乎其有成功也，焕乎其有文章！

解说：尧作为君主太伟大了！太崇高了，天是最大的，尧仿效了天。他对百姓的恩惠如此博大，以至于百姓找不出话来形容。他的功业太崇高了，他所创造的制度真是光辉灿烂啊！

《子罕第九》

纵圣

出处：太宰问于子贡曰："夫子圣者与？何其多能也？"子贡曰："固天纵之将圣，又多能也。"子闻之，曰："太宰知我乎？吾少也贱，故多能鄙事。君子多乎哉？不多也。"

解说：太宰问子贡："夫子是圣贤之人吗？他为什么懂这么多技能？"子贡说："因为上天要让他成为圣人，让他懂这么多技能。"孔子听说后，说道："太宰知道我吗？我年少时贫贱，所以学会了很多平民才会的技能。君子的技能会多吗？不会多的。"太宰就是宰相，子贡所说的是替孔子抵挡太宰的讥讽，但孔子本人并不介意承认自己出身不算高贵。

苗秀、秀实

出处：苗而不秀者有矣夫！秀而不实者有矣夫！

解说：只长禾苗不开花的有！光开花不结籽实的有！意思是对于学习这件事来说，什么样的学人都有，有的学人有基础但发展不起来，有的学人修习都走到最后一步了，却无功而返，这都是正常的。

《乡党第十》

唯谨

出处：孔子于乡党，恂恂如也，似不能言者；其在宗庙朝廷，便便言，唯谨尔。

解说：孔子在家乡时，态度很恭顺，好像不会说话似的；但他在宗庙里，在朝廷上，言语自如，只是话说得很谨慎。乡党，是古代的行政单位，五百家为党，一万两千五百家为乡。

侃如、与如

出处：朝，与下大夫言，侃侃如也；与上大夫言，訚（yín）訚如也。君在，踧踖如也，与与如也。

解说：（孔子）在上朝时，与下大夫谈话，态度温和，话语轻松愉快；与上大夫谈话，态度恳切，所说的话中肯合理。当君主在场时，他举止谨慎，安详适中。

《先进第十一》

先礼、从先

出处：先进于礼乐，野人也；后进于礼乐，君子也。如用之，则吾从先进。

解说：先学习了礼乐，然后才入仕为官的人，是平民；先入仕为官，然后才学习礼乐的人，是贵族。如果要选用人才，那我选先学习礼乐的人。孔子认为，能够和享有世袭爵禄的贵族站到同一条起跑线上的平民，肯定相对而言是更优秀的，对礼乐的理解也更深刻。

知生

出处：季路问事鬼神，子曰："未能事人，焉能事鬼？"曰："敢问死。"曰："未知生，焉知死？"

解说：季路向孔子询问如何侍奉祖先神灵，孔子说："你还没有学会侍奉人，怎么能去侍奉祖先之灵呢？"季路说："斗胆请教死亡是怎么回事。"孔子说："你还不知道活着是怎么回事，怎么能知道死亡是怎么回事呢？"孔子的意思是做学问不要去追究那些玄幽莫测的事，专注于社会现实即可。季路就是孔子的弟子子路。

言中

出处：鲁人为长府，闵子骞曰："仍旧贯如之何？何必改作？"子曰："夫人不言，言必有中。"

解说：鲁国的执政官想要重建国库，闵子骞说："继续用旧的怎么样呢？何必重建？"孔子知道后称赞闵子骞说："这个人平时不爱说话，一说话就切中要点。"闵子骞是孔子的弟子，名闵损，字子骞。他之所以不同意重建国库，是因为这样做劳民伤财。孔子很赞同他的想法。

铿尔、春咏

出处：鼓瑟希，铿尔，舍瑟而作，对曰："异乎三子者之撰。"子曰："何伤乎？亦各言其志也。"曰："暮春者，春服既成，冠者五六人，童子六七人，浴乎沂，风乎舞雩，咏而归。"夫子喟然叹曰："吾与点也！"

解说：孔子曾与弟子谈论各自的理想，其他几个弟子所说的理想都是要入仕当大官当名将，问到曾点时，曾点正在鼓瑟，他慢下弹奏，然后铿然弹了一下，便离开瑟站起来说："我与他们不一样。"孔子说："那又何妨呢？只是谈谈自己的志向。"曾点说："我想要的生活，是暮春的时候，换上春天的衣服，与五六个朋友，带上六七个童子，去沂水边沐浴，在舞雩台上吹风，然后一边唱歌一边归家。"孔子说："我和点的喜好一样！"曾点字子晳，他是孔子的学生，也是孔子著名弟子曾参的儿子。

为国、以礼

出处：为国以礼，其言不让，是故哂之。

解说：也是在此次谈论理想时，子路说，如果有一个小国，处于内忧外患之中，他去治理三年便可使该国勇于抵抗外敌，且懂得治国之道，孔子听了没有发表意见，只是笑了一下。后来，曾晳问孔子为什么笑，孔子说，治理国家应该用礼法，子路说的话太不谦虚了，所以他觉得好笑。

《颜渊第十二》

克己、复礼、为仁

出处：颜渊问仁。子曰："克己复礼为仁。一日克己复礼，天下归仁焉。为仁由己，而由人乎哉？"

解说：颜渊向孔子请教仁的定义。孔子说："克制自己的私欲，把一切行动都归于礼的约束，一旦做到了这样，天下人就会认为你是仁者了。成为仁者是靠自己做的，难道要靠别人吗？"

在邦

出处：仲弓问仁。子曰："出门如见大宾，使民如承大祭。己所不欲，勿施于人。在邦无怨，在家无怨。"

解说：仲弓（冉雍）向孔子请教仁的定义。孔子说："出门时就像要去拜见贵宾，派遣百姓劳役时就像要去承办重大祭典。自己不愿意承受的事，不要强加给别人去承受。为邦国办事不要有怨言，为卿大夫办事也不要有怨言。"

民信

出处：子贡问政。子曰："足食，足兵，民信之矣。"子贡曰："必不得已而去，于斯三者何先？"曰："去兵。"子贡曰："必不得已而去，于斯二者何先？"曰："去食。自古皆有死，民无信不立。"

解说：子贡向孔子请教如何为政。孔子说："国库粮食备足，军队人马粮草备足，百姓信任当政者。"子贡说："如果三者必须去掉一个，那么去掉哪一个呢？"孔子说："去掉军备。"子贡又说："如果剩下二者必须放弃一个，放弃哪一个呢？"孔子说："放弃粮食。自古以来人口消亡不可避免，但没有了民众的信任，国家就立不住了。"

成美

出处：君子成人之美，不成人之恶。小人反是。

解说：君子会成全别人美好的事情，不会成全别人丑恶的事情。小人与之相反。

帅正

出处：季康子问政于孔子。孔子对曰："政者，正也。子帅以正，孰敢不正？"

解说：季康子向孔子咨询为政之道。孔子说："政治就是正直。您自己率先做到正直，你统辖下还有谁能不正直呢？"季康子是把持鲁国政权、架空鲁国公室的三桓之一季氏的宗主，故孔子劝谏他归于正途，不要继续僭越窃权。

友文、友仁

出处：曾子曰："君子以文会友，以友辅仁。"

解说：曾子说："君子根据文章学识来判断选择自己的朋友，让这些良友来辅助自己成就仁德。"

《子路第十三》

可言

出处：故君子名之必可言也，言之必可行也。

解说：君子所作所为的名分一定是可以说出来的，说出来的则一定是可以实行的。子路问孔子："卫国国君想让您去主政，您认为哪一项事务是最先要做的呢？"于是孔子回答了他这段话。在这段话中，孔子表达了君子治国必须先定立正确名分的观念，所谓"名不正则言不顺，言不顺则事不成"。

如农、如圃（pǔ）

出处：樊迟请学稼，子曰："吾不如老农。"请学为圃。曰："吾不如老圃。"

解说：樊迟向孔子请教种庄稼的事，孔子说："这方面我比不上老农夫。"樊迟又请教如何种菜。孔子说："这方面我不如老菜农。"

孔子认为统治者只需要考虑如何好礼、好学、守信等，不必亲自去学耕种，所以他对樊迟的问题不太想回答，只是随口敷衍了两句。

诗达

出处：诵《诗》三百，授之以政，不达；使于四方，不能专对；虽多，亦奚以为？

解说：熟读《诗经》三百首，让他去处理政务，却办不好；让他出使各国，不能随机应变；这样的人就算读书很多，又有什么用呢？

善邦

出处：善人为邦百年，亦可以胜残去杀矣。

解说：让一个人格修养很完善的人治理邦国一百年，也就可以克服残暴消除杀戮了。

君和

出处：君子和而不同，小人同而不和。

解说：君子相处和谐，而不追求事事都互相认同，保存自己的独立见解，小人事事没有主见，附和他人，却缺乏与人和谐相处的心胸。

君泰

出处：君子泰而不骄，小人骄而不泰。

解说：君子心态坦然平和，不会骄横对人，小人则总是骄横嚣张，很难做到心平气和。

毅讷（nè）

出处：刚毅，木讷，近仁。

解说：一个人如果具备了刚强、勇毅、质朴寡言这几种性格特质，那就近乎是一个仁德的人了。

偲（sī）怡

出处：子路问曰："何如斯可谓之士矣？"子曰："切切、偲偲，怡怡如也，可谓士矣。朋友切切、偲偲，兄弟怡怡。"

解说：子路问孔子："怎样做可以称为士？"孔子说："彼此监督、要求，相处和乐，这就是士了。彼此监督、要求，是朋友之道，相处和乐，是兄弟之道。"意思是，士人交友要有原则有责任，对朋友不好的地方要诚恳指出，责其改正，而在家中对自己的兄弟就要放宽标准，能放则放，不要求全责备，这样才能保持家庭和睦。

即戎

出处：善人教民七年，亦可以即戎矣。

解说：让一个人格修养完善的人教育人民，只需要七年的时间，人民就可以去作战了。因为只有作为正义一方，才能取得战争的胜利，而成为战争的正义方，只有具备仁德的国家和人民才能做到。

《宪问第十四》

危言、危行

出处：邦有道，危言危行；邦无道，危行言孙。

解说：国家治理有道的时候，可以正直地说话，正直地做事；国家治理混乱无道的时候，依然要正直地做事，但说话要谦逊婉转。

德言、仁勇

出处：有德者必有言，有言者不必有德；仁者必有勇，勇者不必有仁。

解说：有仁德的人一定会表达出自己的观点思想，而能表达自己观点思想的人，则不一定是仁德的；有仁德的人一定是有勇气的，但有勇气的人不一定具备仁德。意思是，有仁德的人一定有自己的思想，能够表达，且有勇气，但有思想能表达、有勇气这样的品质，与仁德还是有差距的。

君若、尚若

出处：南宫适问于孔子曰："羿善射，奡荡舟，俱不得其死然；禹稷躬稼，而有天下。"夫子不答，南宫适出。子曰："君子哉若人！尚德哉若人！"

解说：南宫适向孔子提问说："后羿善于射箭，奡天生神力能拉着大船行走，他们都死于非命；大禹和后稷都是亲身耕种，从而得到了天下。"孔子不回答他，南宫适出去后，孔子说："这人是君子啊！他崇尚道德啊！"南宫适是孔子的弟子，字子容，也称南容。

时然、乐然、义然

出处：公明贾对曰："以告者过也。夫子时然后言，人不厌其言；乐然后笑，人不厌其笑；义然后取，人不厌其取。"子曰："其然，岂其然乎？"

解说：孔子听说公叔文子平时不说话，不笑，不取财物，便向公明贾询问这是否是真的，公明贾告诉孔子："告诉您这些的人说得不对。夫子会在该说话的时候说话，这样大家便不厌烦听；会在真正快乐的时候笑，大家也不厌烦他的笑；会索取他应得的财物，大家也不憎厌他的索取。"孔子说："是这样吗？真的是这样吗？"公叔文子是卫国的大夫，公明贾也是卫国人。

觉贤

出处：不逆诈，不亿不信。抑亦先觉者，是贤乎！

解说：不预测他人的欺诈行为，不揣测他人是否诚信。但可以凭借自己的识人之明而事先觉察他人的欺诈和不诚实，这就是贤者啊！

骥德

出处：骥不称其力，称其德也。

解说：对骏马不要称赞它的能力，而要称赞它的品德。意思是美好的品德比强大的能力更重要。

修敬、修安

出处：子路问君子。子曰："修己以敬。"曰："如斯而已乎？"曰："修己以安人。"曰："如斯而已乎？"曰："修己以安百姓。修己以安百姓，尧、舜其犹病诸！"

解说：子路向孔子请教何为君子。孔子说："用恭敬的心态来修养自己。"子路说："这样就行了吗？"孔子说："修养自己，让别人感到安宁。"子路又说："这样就可以了吗？"孔子说："修养自己让百姓感到安乐。做到修养自己让百姓感到安乐，对尧和舜来说都不那么容易吧！"

《卫灵公第十五》

非与、非也

出处：子曰："赐也，女以予为多学而识之者与？"对曰："然，非与？"曰："非也，予一以贯之。"

解说：孔子对子贡说："赐啊，你认为我是学习很多东西并记住所学的人吗？"子贡说："是的，不是吗？"孔子说："不是。我是一个中心观点把它们贯穿起来。"这里孔子说的是他学习的方法。

知德

出处：子曰："由！知德者鲜矣。"

解说：孔子对子路说："由啊！了解仁德的人很少啊。"

正南

出处：无为而治者，其舜也与？夫何为哉，恭己正南面而已矣。

解说：无所作为而能达到将天下治理得井井有条的人，那就是舜了吧？他做了什么呢，只是自己恭敬地面向正南坐在君主位置上而已。

立参、倚衡、夫行

出处：子张问行，子曰："言忠信，行笃敬，虽蛮貊之邦，行矣。言不忠信，行不笃敬，虽州里，行乎哉？立则见其参于前也，在舆则见其倚于衡也，夫然后行。"子张书诸绅。

解说：子张向孔子请教如何"行进"的问题，孔子说："说话忠诚守信，行动忠厚恭敬，能够做到这样，即使是不开化的异族邦国，也是可以通行无阻的。说话不忠诚不守信，行为不忠厚不恭敬，就算是只在家乡附近，也是寸步难行。站立的时候，就像看到这些标准展现在自己眼前，坐在车里时，就像看到这些标准倚靠在车辕前的横木上，这样就可以到处可行了。"子张听了，便把"言忠信，行笃敬"写在自己的衣带上。子张是孔子的弟子，名叫颛孙师，字子张。

邦仕、则仕

出处：邦有道，则仕；邦无道，则可卷而怀之。

解说：孔子谈卫国大夫蘧伯玉时说，蘧伯玉是一个君子，邦国政治清明有道，就出来做官；邦国政治暗昧无道，就把自己的才华卷藏起来，不当官了。

善利、事贤

出处：子贡问为仁，子曰："工欲善其事，必先利其器。居是邦也，事其大夫之贤者，友其士之仁者。"

解说：子贡向孔子请教如何修养仁德，孔子说："工匠想要做好一个活计，首先一定要先把工具磨得锋利。身处在这个邦国里，就要选择大夫中的贤者来侍奉，选择那些士人中的仁人来做朋友。"

夏时

出处：颜渊问为邦。子曰："行夏之时，乘殷之辂，服周之冕，乐则韶舞。放郑声，远佞人。郑声淫，佞人殆。"

解说：颜渊向孔子请教如何治理邦国。孔子说："按照夏朝的历法计时，乘坐殷商时期的车，穿戴周代的冠冕，演奏舜帝时的《韶》乐。放逐郑国的音乐，远离献媚讨好的奸佞小人。郑国的音乐宣扬荒淫趣味，奸佞小人会带来危险。"所谓郑声，指的是郑国的民间音乐，儒家认为其不端庄不高雅，是靡靡之音。

自厚

出处：躬自厚而薄责于人，则远怨也。

解说：严苛地自我反省，而宽松地对待别人，这样做就可以远离他人的怨恨了。

义质、礼行、信成

出处：君子义以为质，礼以行之，孙以出之，信以成之，君子哉！

解说：君子将道义作为自身的本质，将礼作为行为的标准，谦逊地说出相关的言论，用诚信去成就它，这就是君子啊！

其恕

出处：子贡问曰："有一言而可以终身行之者乎？"子曰："其恕乎！己所不欲，勿施于人。"

解说：子贡问孔子说："有没有一个字可以终身奉行的呢？"孔子说："那就是'恕'字吧！自己不想承受的，就不要施加给别人。"

斯民

出处：子曰："吾之于人也，谁毁谁誉？如有所誉者，其有所试矣。斯民也，三代之所以直道而行也。"

解说：孔子说："我对待别人，曾毁谤过谁？曾过誉过谁？如果我赞誉一个人，就是对他有过考察的。这些人民，从夏、商、周三代以来，都是这样奉行耿直之道的。"意思是，因为私心喜欢或讨厌一个人而说他好话或坏话，并非耿直之道，上古民心淳朴，所以在判断他人时秉承公正无私的原则。

人弘、弘道

出处：人能弘道，非道弘人。

解说：是人来弘扬道，而不是道去弘扬人。

《季氏第十六》

益三

出处：益者三友，损者三友。友直，友谅，友多闻，益矣。友便辟，友善柔，友便佞，损矣……益者三乐，损者三乐。乐节礼乐，乐道人之善，乐多贤友，益矣。乐骄乐，乐佚游，乐宴乐，损矣。

解说：有三种朋友是有益的，有三种朋友是有害的。和耿直的人、诚实的人、见多识广的人做朋友，是有益的。和吹牛拍马的人、阳奉阴违的人、花言巧语的人做朋友，是有害的……对人有益的乐趣有三种，对人有害的乐趣也有三种。以有节制的礼乐为乐，以谈论他人的优点为乐，以多方结交贤德的朋友为乐，这是有益的。以骄奢放纵的娱乐为乐，以毫无节制的游乐为乐，以酒宴欢饮为乐，这是有害的。

天畏

出处：君子有三畏：畏天命，畏大人，畏圣人之言。

解说：君子有三种敬畏之心：敬畏上天赋予的使命，敬畏地位高贵的人，敬畏圣贤之人的言论。

思明、思聪、思忠、思敬、思义

出处：君子有九思：视思明，听思聪，色思温，貌思恭，言思忠，事思敬，疑思问，忿思难，见得思义。

解说：君子需要考虑九件事：观察事物时是否看清楚了，听别人讲述时是否听明白了，自己的面色是否温和，仪态是否恭敬，言论是否忠诚，履职时是否心怀敬畏，有疑问是否乐于请教他人，愤怒时是否考虑到后果，看到利益时是否想到了道义。

义达、闻语

出处：隐居以求其志，行义以达其道。吾闻其语矣，未见其人也。

解说：隐居起来以追求自己的志向，施行道义以通达自己的理念。我听说过这样的话，但我没有亲眼见过这种人。

闻诗、闻礼

出处：陈亢退而喜曰："问一得三，闻《诗》，闻礼，又闻君

〔论语〕

子之远其子也。"

解说：陈亢曾问孔子的儿子孔鲤："您有听过什么特殊的教诲吗？"意思是，孔子有没有给自己的儿子开小灶，孔鲤回答说："没有什么特别的。有一次夫子一个人站着的时候，我小跑过庭院，夫子问我：'学《诗经》了吗？'我说没有，夫子说：'不学《诗经》，就不会用语言表达。'所以我就退下去学《诗经》。过了几天，夫子又一个人站着，我小跑过庭院，夫子问我：'学礼了吗？'我说没有，夫子说：'不学礼，就不能自立。'我便退下去学礼。我单独听到的教诲就这两句。"陈亢离开后欣喜地说："我问了一个问题，有了三个收获：听到学《诗经》的重要，听到学礼的重要，还听到君子对自己的儿子也应一视同仁。"陈亢即孔子的弟子子禽，也叫妫亢，字子亢、子禽，陈国人。

《阳货第十七》

诺仕

出处：曰："怀其宝而迷其邦，可谓仁乎？"曰："不可。""好从事而亟失时，可谓知乎？"曰："不可。""日月逝矣，岁不我与。"孔子曰："诺。吾将仕矣。"

解说：鲁国权臣阳货（也叫阳虎）想拉拢孔子为自己效命，但孔子不认同他的僭越行为，总是躲着他。阳货和孔子在路上相遇，便问孔子："一个人怀有宝贵的才华，却任由自己的邦国陷入迷茫，这能叫作仁吗？"孔子说："不能。"阳货又说："喜欢为邦国做事，又几次失去参政的时机，这能叫作明智吗？"孔子说："不能。"阳货说："时间过得很快，岁月不会等你的。"孔子说："好吧。我会入仕的。"其实孔子只是嘴上说说罢了，因为阳货势力大，孔子不想当面驳他面子，事实上他后来也并没有去阳货手下做官。

敏惠

出处：子张问仁于孔子，孔子曰："能行五者于天下为仁矣。"请问之，曰："恭、宽、信、敏、惠。恭则不侮，宽则得众，信则人任焉，敏则有功，惠则足以使人。"

解说：子张向孔子请教什么是仁，孔子说："能够在天下实行五种美德，就是仁了。"子张问是哪五种，孔子说："恭敬、宽宏、诚信、敏锐、慈惠。恭敬就不会招致侮辱，宽宏就可以得到多数人的支持，诚信就可以获得他人赋予的任命，敏锐就可以建立功业，慈惠就可以让别人替自己效命。"

何言

出处：天何言哉？四时行焉，百物生焉，天何言哉？

解说：上天何曾说过什么话呢？四季时令正常运行，诸多生物正常生长，上天何曾说过什么话呢？

勇义、义上

出处：子路曰："君子尚勇乎？"子曰："君子义以为上。君子有勇而无义为乱，小人有勇而无义为盗。"

解说：子路问："君子崇尚勇猛吗？"孔子说："君子将道义视为最高尚的品质。君子如果勇猛却不讲道义，那就会作乱，小人如果勇猛而不讲道义，那就会做盗贼。"

论
语

《微子第十八》

知津

出处：长沮曰："夫执舆者为谁？"子路曰："为孔丘。"曰："是鲁孔丘与？"曰："是也。"曰："是知津矣。"

解说：孔子周游列国时，在路边遇到长沮、桀溺两位隐士在田间耕作，孔子让子路去问他们渡口在哪里，长沮问："驾车的那位是谁？"子路说："是孔丘。"长沮问："是鲁国的孔丘吗？"子路说："是的。"长沮说："那他应该知道渡口在哪里。"

逸民

出处：逸民：伯夷、叔齐、虞仲、夷逸、朱张、柳下惠、少连。

解说：逸民就是不去做官而隐居在民间的贵族士人。这些名字应是孔子给弟子们列举的，他认为这些人为了保全自己的名节和原则，放弃了世俗的仕途，各有各的高尚之处，也各有各的失误之处，而他自己和这些人不同，他对入仕的态度很务实，可以入仕，也可以不入，视实际情况而决定。

《子张第十九》

执弘

出处：子张曰："执德不弘，信道不笃，焉能为有？焉能为亡？"

解说：子张说："执有美德却不去弘扬它，相信善道却不够坚定，这样的人对世道来说，是无足轻重可有可无的。"

贤容

出处：君子尊贤而容众，嘉善而矜不能。

解说：子夏的学生向子张请教交往之道，子张便问他子夏是怎么说的。子夏的学生说，子夏认为只应该和适合交往的人交往，遇到不适合的人就拒之门外。子张说，我所听到的道理不是这样的，君子尊重贤人，但也能包容大多数的普通人，赞赏好人，但也怜悯那些无法做出善行的人。

近思

出处：子夏曰："博学而笃志，切问而近思，仁在其中矣。"

解说：子夏说："学问广博而志向坚定，对尚未领悟的问题急切提问，专注思考自己还不能做到的事情，其中就包含了仁了。"

学致

出处：子夏曰："百工居肆以成其事，君子学以致其道。"

解说：子夏说："各行各业的工匠都要在作坊里做事才能成功，君子就是要依靠学习来探寻真理。"意思是君子求道就如同工匠做工，学习就是君子求道的工具。

君俨、君温、君厉

出处：子夏曰："君子有三变：望之俨然，即之也温，听其言也厉。"

解说：子夏说："君子会有三种外在的变化：远远望去端庄严肃，靠近时态度温和，听他言谈则非常严正真诚，丝毫不说假话歪话。"

言慎

出处：君子一言以为知，一言以为不知，言不可不慎也。夫子之不可及也，犹天之不可阶而升也。

解说：陈亢吹捧子贡说："您太谦恭了，仲尼难道比您贤德吗？"子贡听了很不高兴，说道："君子一句话就能听出聪明不聪明，说话不能不谨慎。夫子无人能比，就像没有人能踩着台阶登天。"这体现了子贡对孔子的衷心爱戴和景仰。

《尧曰第二十》

执中

出处：尧曰："咨！尔舜！天之历数在尔躬，允执其中。四海困穷，天禄永终。"

解说：尧说："咨（感叹词）！你，舜啊！天命的顺序到你身上了，望你以诚心执法守中。如果你使四海之民陷于困顿，走向末路，那么你的天命之福禄也就终结了。"这是尧把帝位禅让给舜时对舜的告诫辞。

（四）《周易》起名实例

元亨	龙田	若厉	跃渊	行健	元善	亨嘉	义和	体仁	仁长
嘉和	利合	贞干	乐行	知至	存义	天则	始亨	美利	刚健
成德	见行	知正	正圣	资生	厚德	履坚	直方	含章	可贞
无成	永贞	至柔	也刚	至静	德方	敬义	云雷	君纶	虽桓
行正	得民	鹿虞	志应	蒙正	圣功	果行	子克	以巽	击蒙
利恒	于沙	敬慎	作谋	复渝	渝安	元吉	民从	师律	在中
师左	开承	比贤	健巽	君懿	复道	履刚	天泽	定民	履素
履坦	愆吉	大来	辅宜	以孚	以祉	同野	柔中	文健	君正
唯君	通志	于莽	乘墉	同郊	有亨	健明	积中	用亨	威如
天佑	谦亨	地山	自牧	鸣谦	劳谦	有渝	泽雷	有孚	在道
以明	孚嘉	振民	育德	用誉	承德	志则	亨正	泽临	至临
知临	敦临	顺巽	观我	观生	尚宾	观民	柔来	文刚	明止
化成	明庶	而徒	贲濡	翰如	厚安	敦复	雷行	以茂	辉光
新德	刚贤	养贤	君识	识前	天衢	由颐	过中	隆吉	心亨
有尚	守国	祗平	柔丽	丽中	继明	错然	黄离	正邦	从思
所恒	久中	与时	执革	正志	利贞	弗履	康侯	锡蕃	晋明
顺丽	丽明	柔进	柔上	明晋	自昭	明中	用晦	而明	夷南
贞明	富家	孚威	遇雨	来誉	朋来	硕吉	中道	君解	益柔
得臣	益下	民悦	施生	益方	益时	惠心	惠德	立恒	有戎
品章	金柅	中正	萃刚	南征	以升	木升	允升	亨岐	所亨

井井	井寒	寒泉	革成	革时	泽火	治明	行嘉	信志	虎文
文炳	君蔚	文蔚	鼎实	鼎玉	鼎铉	震亨	震修	苏苏	震行
时止	时行	兼山	言序	之进	进邦	止巽	山木	鸿磐	鸿陆
羽仪	宜中	明丰	来章	庆誉	旅亨	明慎	刚巽	利武	丽泽
和悦	孚悦	以节	以通	安节	甘节	化邦	利川	舟虚	鹤和
思豫	以慎	居方	君光	君晖	晖吉	易知	易从	贤德	贤业
存介	乐知	敦仁	能爱	范化	曲成	继之	成之	谓仁	谓知
生生	言远	言迩	广生	知崇	成存	见赜	枢发	言兰	默言
月明	乾易	坤简	曰生	化宜	栋宇	几微	和行	制礼	自知
一德	兴利	井义	至健	恒易	知险	至顺	恒简	知阻	雨润
润之	烜之	君之	藏之						

《乾第一》

元亨

出处：《乾》：元，亨，利，贞。

解说：乾卦象征万物起始，运行顺畅，和谐有利，正大光明。

龙田

出处：九二：见龙在田，利见大人。

解说：九二：潜龙出于地上，现身田间，预示对拜见有权势的大人物有利。

若厉

出处：九三：君子终日乾乾，夕惕若厉，无咎。

解说：九三：君子整天都保持勤勉刚健的状态，到了夜晚也依然警觉，好像正面对着危险一般，预示无灾祸。

跃渊

出处：九四：或跃在渊，无咎。

解说：九四：（龙）有时飞起，有时潜于深渊，预示无灾祸。

行健

出处：天行健，君子以自强不息。

解说：天的运行刚健强盛，君子也要仿照天而让自我刚强起来，不能歇息。

〔周易〕

元善、亨嘉、义和

出处：元者，善之长也；亨者，嘉之会也；利者，义之和也；贞者，事之干也。

解说：元始，是美好事物的尊长；亨，是美好事物的汇聚；有利，是时宜的调和；正直，是事业功绩的基干。

体仁、仁长、嘉和、利合、贞干

出处：君子体仁足以长人，嘉会足以合礼，利物足以和义，贞固足以干事，君子行此四德者，故曰"乾，元、亨、利、贞"。

解说：君子身体力行仁道，足以成为领袖，汇聚起美好的事，便满足了礼的要求，调和各方足以符合义理，正直品质牢固，足够支撑事业的成功，君子就是具备乾卦所象征的这四种美德的人，所以说"乾卦，象征万物起始，运行顺畅，和谐有利，正大光明"。

乐行

出处：乐则行之，忧则违之，确乎其不可拔，潜龙也。

解说：心之所乐的事就去做，心之所忧患的事就拒而不做，信念坚定，这就是所谓的"潜龙"。

知至、存义

出处：知至至之，可与几也，知终终之，可与存义也。

解说：知道应该达到什么目标，并向着这个目标努力，就可以与之谈论事物发展的征兆，知道事物发展的结果是什么，并努力去促成这种结果，就可以与之一起维持某种适宜的状态。意思是如果一个人知道要做什么，要实现什么，现阶段处于什么境况，那么和他商量出来的选择也会是合适的。

天则

出处：乾元用九，乃见天则。

解说：乾卦作为万物的开端，使用九这个数字，显现的是天道自然的法则。

始亨

出处：乾元者，始而亨者也。

解说：乾卦这一万物开端，创造了这个世界，并使其顺畅地发展。

美利

出处：乾始能以美利利天下，不言所利，大矣哉。

解说：乾卦从一开始就用美好丰盛的利益来使天下获利，但不会讲述自己所给予的利益，这真是太伟大了。

刚健

出处：大哉乾乎！刚健中正，纯粹精也。

解说：伟大啊乾！刚强健壮，无私公正，是纯净无杂的精粹。

成德、见行

出处：君子以成德为行，日可见之行也。

解说：君子以养成美德作为自己的日常行为，每天都可以看到自己更加美好的德行。

｜周易｜

知正、正圣

出处：知进退存亡而不失其正者，其唯圣人乎！

解说：对时势的前进、后退、生存、灭亡全都了解，而始终秉持正道，能做到这样的只有圣人啊！

《坤第二》

资生

出处：至哉"坤元"，万物资生，乃顺承天。

解说：极其美好的"坤元"啊，万物依托您而滋生，您是顺应承接天道的。这里说的"坤元"即大地、土地。

厚德

出处：君子以厚德载物。

解说：君子像大地一样，以深厚的道德来承载万物。

履坚

出处：初六：履霜，坚冰至。

解说：初六：当脚下出现微薄的霜花，就意味着严寒和冰雪即将到来。也就是说，阴气在初六时只是初露，但必然会继续变得深重，直至到达顶点。

直方

出处：六二：直，方，大，不习无不利。

解说：六二：耿直，方正，宏大，遇到不熟悉的事物，也不会不顺利。

含章、可贞、无成

出处：六三：含章可贞，或从王事，无成有终。

解说：六三：包含着美好的内涵，事情可以是正直吉祥的，如果跟随君主行事，在事业成功时退让，谦逊如并未建功一般，就可以得到善终。

永贞

出处：用六，利永贞。

解说：坤卦用六这个数字，有利于永远保持正直。

至柔、也刚、至静、德方

出处：坤至柔而动也刚，至静而德方，后得主而有常，含万物而化光。

解说：坤虽然是极柔软的，但运行的方式很刚健，虽然是极宁静的，但品德非常方正，虽然位置在后，尊阳为主，但永恒不灭，包含万物的生机，化育万物的生长。

敬义

出处：君子敬以直内，义以方外，敬义立而德不孤。

解说：君子用恭敬之心来使自己内心正直，用道义标准来使自己外在行为方正，恭敬之心、道义标准建立起来了，就不会因为修养美德而感到孤独。

《屯第三》

云雷、君纶

出处：云雷，屯，君子以经纶。

解说：云中隐约传来雷声，意味着事物初生的艰难，君子应拿出谋略来治国理政。

虽桓、行正、得民

出处：虽磐桓，志行正也。以贵下贱，大得民也。

解说：虽然遇到了盘桓不定进退两难的境况，但有志于行正道。高贵之人来到身份卑微的人们中间，得到了民心的广泛支持。

鹿虞

出处：六三：即鹿无虞，惟入于林中。君子几，不如舍，往吝。

解说：六三：追逐鹿，但没有虞的指引，只是跟着鹿闯进了林中。君子想要紧跟求鹿，不如舍弃，跟着去会遇到危险。虞是管理山林的官员。

《蒙第四》

志应

出处："匪我求童蒙，童蒙求我"，志应也。

解说：蒙卦说"不是我去求幼稚的孩童学习，而是幼稚的孩童来求我为他们启蒙"，因为只有如此，两方的心志才是相应的。

蒙正、圣功

出处：蒙以养正，圣功也。

解说：启蒙是用来培养正道的，这是圣人的功业。

果行

出处：君子以果行育德。

解说：君子用果断坚毅的行为来培育美德。

子克

出处："子克家"，刚柔接也。

解说："儿子能够掌管家庭了"，因为阳刚与阴柔交接。"子克家"为蒙卦九二，对应蒙卦六五，九二为阳，刚，六五为阴，柔，所以是刚柔相接。

以巽

出处：童蒙之吉，顺以巽也。

解说：幼童得到启蒙，这寓意着吉利。因为幼童就像被风吹过就顺着风走，怎么教育就成为什么人。

击蒙

出处：上九：击蒙，不利为寇，利御寇。

解说：上九：打击还没有被启蒙的幼童，这不利于做盗贼，而利于抵抗盗贼。意思是用适当责罚的手段来教育懵懂的孩童，是有利于其成长的。

《需第五》

利恒

出处：初九：需于郊，利用恒，无咎。

解说：初九：在郊野等待，利于保持耐心恒心，没有灾祸。意思是前途不明朗就不冒险出发，在城外的郊野等待观望，这样就不会有危险了。

于沙

出处：九二：需于沙，小有言，终吉。

解说：九二：在沙洲上等待，出现一些口舌之争，最终结果是好的。

敬慎

出处："需于泥"，灾在外也。自我致寇，敬慎不败也。

解说："在泥泞中等待"，灾祸尚在自身之外，因为自己的行动而招致贼寇，保持谨慎就可以不败亡。

《讼第六》

作谋

出处：天与水违行，讼。君子以作事谋始。

解说：天体运行方向与水流方向相反，有诉讼的征象。君子要在事情开始时做准备和筹谋。

复渝、渝安

出处：九四：不克讼，复即命，渝，安贞吉。

解说：九四：争讼失败，便返回原来的位置，并改变做法（不再争讼），可安定吉利。

元吉

出处：讼元吉，以中正也。

解说：判断争讼之事可明辨是非，所以吉利，因为凭借的是中允正直之心。

《师第七》

民从

出处：刚中而应，行险而顺，以此毒天下，而民从之，吉又何咎矣。

解说：有刚健的人在其中响应，行动于危险之中而能顺利进行，这样来拯救天下，人民愿意跟从，结果是吉利的，怎么会有灾祸呢。

师律

出处："师出以律"，失律凶矣。

解说："出动军队要按照律令"，如果不按照律令，就危险了。意思是军事行动要严格军纪，否则就会陷入危机。

［周易］

在中

出处："在师中吉"，承天宠也。

解说："其人在军队中很吉利"，是因为君王的信任和恩宠。

师左

出处：六四：师左次，无咎。

解说：六四：军队在左方驻扎，没有灾祸。这里的"左"，也可以理解为撤退，还有人认为是"佐"，即天子所居之处的外围。总体的意思是，军队不急进，退而扎营，结果是好的。

开承

出处：上六：大君有命，开国承家，小人勿用。

解说：上六：君主发布旨意，分封诸侯国和卿大夫世家，小人不能任用。意思是战争结束后要论功行赏，奖励有功之臣，惩罚无功无才无德的小人。

《比第八》

比贤

出处："外比"于贤，以从上也。

解说："外来者比"，就是说，有才能的人从外而来，辅助贤君，这是臣下归顺跟从君上的表现。"比"意为归附，就如同地面上的水自然地向某一个方向聚集。

《小畜第九》

健巽

出处：健而巽，刚中而志行，乃亨。

解说：小畜卦为乾下巽上，乾卦刚健，所以是"健而巽"。小畜卦以阳刚居中，志向可通行，畅行无阻。

君懿

出处：风行天上，"小畜"。君子以懿文德。

解说：巽为风，乾为天，巽上乾下，象征风在天上流动，象征"有一些小小的蓄积"。有小畜而不足，君子此时应修养自我，让自己的德才更为美好。

复道

出处：初九：复自道，何其咎？吉。

解说：初九：再一次回到正道，会有什么灾祸呢？是吉利的。

《履第十》

履刚

出处：履，柔履刚也。

解说：履便是步履轻盈地行走，即用柔和的步子行走在坚硬刚强之物上面。

天泽

出处：上天下泽，履。

解说：上面为天（乾），下面为泽（兑），这就是履的卦象。

定民

出处：君子以辨上下，定民志。

解说：（履的卦象）象征着君子明晰上下之分别，以此确定民众的心志。

履素

出处：初九：素履往，无咎。

解说：初九：穿着朴素无装饰的鞋子，脚步轻柔地前往，没有灾祸。

履坦

出处：九二：履道坦坦，幽人贞吉。

解说：九二：行走在平坦的道路上，心思深沉的人很吉利。

愬（shuò）吉

出处：九四：履虎尾，愬愬，终吉。

解说：九四：轻轻地踩在了老虎尾巴上，十分恐惧，但结局是吉利的。

《泰第十一》

大来

出处：小往大来，吉，亨。

解说：泰卦为下乾上坤，坤在外，为小、往，乾在内，为大、来，吉利，亨通。

辅宜

出处：天地交，泰。后以财成天地之道，辅相天地之宜，以左右民。

解说：天地交合，这就是泰卦。君主以此裁制成为天地之正道，用来辅佐天地进行正确合适的运转，由此主宰自己的人民。

以孚

出处：六四：翩翩，不富以其邻，不戒以孚。

解说：六四：在半空中迅疾翻飞，很不富足，因为内在不实，也不用诚信来约束自己的行为。意思是因为不诚信不诚实，所以人会变得夸夸其谈，不切实际。

以祉

出处：六五：帝乙归妹，以祉元吉。

解说：六五：帝乙把自己的妹妹嫁了出去，这样可以获得幸福，此事吉利。帝乙指一位古代的帝王，可能是商汤。

周易

《同人第十三》

同野

出处：同人于野，亨，利涉大川，利君子贞。

解说：与志向相同的人一起走在原野上，亨通无阻，利于渡过大河，利于君子守住正心。

柔中

出处：同人，柔得位得中而应乎乾，曰"同人"。

解说：同人就是以阴柔之德获得中心的位置，对应乾卦的刚健，叫作"同人"。即与人志向相同。

文健、君正

出处：文明以健，中正而应，君子正也。

解说：内在的文明配合以外在的刚健，位居中正而对应乾，是君子的正德。

唯君、通志

出处：唯君子为能通天下之志。

解说：唯有君子能够通达天下人的志向。意思是只有具备正德的君子能够促使天下人达到和同。

于莽

出处：九三：伏戎于莽，升其高陵，三岁不兴。

解说：九三：在草木中设下伏兵，登上高山观察，三年也不起兵。

意思是敌人较强但因有所顾忌而不发，所以情势还未凶险，可以安稳度过。

乘墉

出处：九四：乘其墉，弗克攻，吉。

解说：九四：登上高墙，不能被攻克，吉利。意思是找到了正确的位置，跑到了高处，易守难攻，所以敌人无法造成危险。

同郊

出处：上九：同人于郊，无悔。

解说：上九：身在郊野，与人志向相同，没有悔恨。意思是并未实现志向，但心中没有遗憾。郊野象征着远离斗争的中心。

《大有第十四》

有亨

出处：大有，元亨。

解说：大有卦，象征万物生长，大为亨通。

健明

出处：其德刚健而文明，应乎天而时行，是以元亨。

解说：大有代表的是刚健的德行，内蕴文采和光明，与天相应，以时节运行，所以大为亨通。

积中

出处："大车以载"，积中不败也。

解说："用大车装载"，表示收获来的大量财富堆积在正中才能保证安全。

用亨

出处：九三：公用亨于天子，小人弗克。

解说：九三：公爵享用天子的酒宴，小人不能有此待遇。意思是小人如果得到超出自己承受能力的尊贵，反而是有害的。

威如

出处：六五：厥孚交如，威如，吉。

解说：六五：用诚信去与人交往，很有威严，吉利。

天佑

出处：上九：自天佑之，吉，无不利。

解说：上九：上天会保佑他，吉利，没有不胜利的。

《谦第十五》

谦亨

出处：谦，亨。君子有终。

解说：谦卦，象征谦虚带来亨通。君子必然能获得好的结果。

地山

出处：地中有山，谦。君子以裒（póu）多益寡，称物平施。

解说：在土地之中有高山耸立，象征谦虚的品德。君子削减多去增益少，使事物公平地施与。

自牧

出处："谦谦君子"，卑以自牧也。

解说："一再谦虚的君子"，是主动采取卑下的姿态来进行自我约束。

鸣谦

出处：六二：鸣谦，贞吉。

上六：鸣谦，利用行师征邑国。

解说：六二：宣扬谦和的道德，是守正、吉利的。

上六：宣扬谦和的道德，有利于发动军队去征伐那些小国家。意思是君子要谦和，但也要具有斗争的精神。

劳谦

出处：九三：劳谦，君子有终，吉。

解说：九三：劳心劳神而保持谦和忠厚，君子会得到好的结果，吉利。

周易

《豫第十六》

有渝

出处：上六：冥豫，成有渝，无咎。

解说：上六：昏天黑地了还在贪图享乐，这享乐也就到头了，但若及时改变，便不会有灾祸。

《随第十七》

泽雷

出处：泽中有雷，随。君子以向晦入宴息。

解说：下震上兑为随卦，震卦为雷，兑卦为泽，随卦即雷声在水泽之下。雷雨时天色昏暗，君子便选择进入室内休息。意思是君子会随机应变，当作则作，当息则息。

有孚、在道、以明

出处：有孚在道，以明，何咎？

解说：有诚信，居于正道，并表明了自己，会有什么灾祸呢？

孚嘉

出处：九五：孚于嘉，吉。

解说：九五：保持诚信，在美而嘉好的正道上，吉利。

《蛊第十八》

振民、育德

出处：山下有风，蛊。君子以振民育德。

解说：山下吹起了风，表示有坏事发生。君子当提振百姓，保育道德。

用誉

出处：六五：干父之蛊，用誉。

解说：六五：纠正了父亲犯下的过错，得享民众给予的赞誉。

承德

出处："干父用誉"，承以德也。

解说："纠正父亲的过错，享用了美誉"，以美德继承了父亲的位分。

志则

出处："不事王侯"，志可则也。

解说："不去逢迎侍奉王公贵族"，这种志向可以为别人所效仿。

《临第十九》

亨正

出处：大亨以正，天之道也。

解说：大卫亨通之时保持正位不偏斜，这是天道。

泽临

出处：泽上有地，临。君子以教思无穷，容保民无疆。

解说：地面在水泽之上，为临。君子的思想博大无垠，可以教育民众，就像大地包容水泽，容纳保护民众。

至临

出处：六四：至临，无咎。

解说：六四：君主处于正确的位置，从上而下统治百姓，就不会有灾祸。

知临

出处：六五：知临，大君之宜，吉。

解说：六五：用智慧的方式统治百姓，是大王君主应该做的，吉利。

敦临

出处：上六：敦临，吉，无咎。

解说：上六：用敦厚的方式统治百姓，吉利，没有灾祸。

《观第二十》

顺巽

出处：大观在上，顺而巽，中正以观天下，观。

解说：宏大的景观都在上方，柔顺的坤卦在下，巽卦在上，君主居中正之位，具有中正之德，让天下都能看到这宏大之观。这就是观卦的意义。

观我、观生

出处：六三：观我生进退。

解说：六三：观看我的行为，就知道什么是进、什么是退。

尚宾

出处："观国之光"，尚宾也。

解说："观看国家的辉煌大场面"，意思是六四象征着国之君王款待前来朝觐的诸侯宾客。

观民

出处："观我生"，观民也。

解说："观看我的生民，没有灾祸"，意思是君王要观看子民的生活，了解民生疾苦，知道自己的得失，才能无灾无祸。

《贲第二十二》

柔来、文刚

出处：贲"亨"，柔来而文刚，故"亨"。

解说：贲为"装饰、修饰"之意，贲卦为离下艮上，是"亨通"的，因其为柔和来修饰刚强，所以亨通。

明止

出处：刚柔交错，天文也；文明以止，人文也。

解说：阳刚与阴柔交互错列，这是天地自然的文化；离卦文采鲜明，而艮卦有所制止，这是人类的文化。

化成

出处：观乎天文，以察时变；观乎人文，以化成天下。

解说：观察天地自然的文化，可以察觉时势的变化；观察人类的文化，可以化育天下人心。

明庶

出处：山下有火，贲。君子以明庶政，无敢折狱。

解说：艮卦为山，离卦为火，山脚处有火焰，这是离下艮上的贲卦，象征文采和光明的修饰。君子以此明晰政务，但不敢随意处置刑狱之事。

而徒

出处：初九：贲其趾，舍车而徒。

解说：初九：脚上穿着纹饰华丽的鞋子，舍弃车马，徒步而行。根据先秦礼制，地位低下的人不能乘坐车马，所以即使穿着华丽的鞋，也不能违背礼义而坐车。

周易

贲濡

出处：九三：贲如濡如，永贞吉。

解说：九三：修饰一新，如水滋润，长久吉利。

翰如

出处：六四：贲如皤（pó）如，白马翰如。匪寇，婚媾（gòu）。

解说：六四：修饰一新、素白皎洁的白马在飞驰。那不是强盗，而是来谈婚论嫁的人。意思是虽有所疑虑，但最终没有忧患。

《剥第二十三》

厚安

出处：山附于地，剥。上以厚下安宅。

解说：山附着于大地，虽高峻但还是归属土地，显示剥落的征象。君上因此而着重加厚基础，以稳定、安固自己的房宅。

《复第二十四》

敦复

出处：六五：敦复，无悔。

解说：六五：以敦厚的美德回复向阳，没有悔恨。复卦是震下坤上，只有最下方一道阳线，故表示阳气复来。

《无妄第二十五》

雷行

出处：天下雷行，物与无妄。

解说：天下有震雷运行活动，万物都保持安静，不敢随意乱动。无妄卦是震下乾上，象征雷行于天。古人对雷很恐惧，打雷的天气里不敢轻举妄动。

以茂

出处：先王以茂对时育万物。

解说：先代的圣王以孜孜不倦的努力来应对生机勃勃的时节。"茂"是勉励、努力的意思。

《大畜第二十六》

辉光、新德

出处：大畜，刚健笃实，辉光日新其德。

解说：大畜即大有蓄积，大畜卦为下乾上艮，乾为刚健，艮为笃实，辉耀其光芒，使其美德日渐焕新。

刚贤

出处：刚上而尚贤，能止健，大正也。

解说：大畜蕴含的道德刚健在上，尊奉贤能，刚健而能有所抑制，这是宏大的正道。

养贤

出处："不家食，吉"，养贤也。"利涉大川"，应乎天也。

解说："不在家中自食其力，吉利"，意思是说君主愿意养贤，即把贤能之士收入朝中，给予俸禄。"利于渡过大江河"，表示顺应天命。

君识、识前

出处：天在山中，大畜。君子以多识前贤往行，以畜其德。

解说：天被大山所包容于其中，这就是大畜。君子因为大量了解过往圣人的言行，所以蓄积了自我的美德。

天衢

出处：上九：何天之衢，亨。

解说：上九：通达于天的大路，亨通。

233

周易

《颐第二十七》

由颐

出处：上九：由颐，厉吉，利涉大川。

解说：上九：由此得到颐养，虽有一定的危险，但还是吉利的，利于渡过大江河。

《大过第二十八》

过中

出处：刚过而中，巽而说行，"利有攸往"，乃亨。

解说：刚强过甚而处于中，柔顺而喜悦地进行，即大过卦所谓"有利于前往"，这样才是亨通的。意思是有非常大的危难的时候就需要非常强大的人去承担，但要适当柔和，不能一味阳刚，这样就能取得非常大的功绩。

隆吉

出处：九四：栋隆，吉。有他吝。

解说：九四：栋梁向上弯曲，隆拱而起，这意味着栋梁是在变强，而非变弱，是吉利的。但这种情况有可能带来其他的祸患。

《坎第二十九》

心亨、有尚

出处：习坎：有孚，维心亨，行有尚。

解说：坎卦为坎下坎上，坎为阳陷于阴，代表危险，两个坎重叠表示极为危险：在这样的危机中，用诚信来维系心态，就是亨通的，行动会得到崇尚。

守国

出处：天险不可升也，地险山川丘陵也。王公设险以守其国。险之时用大矣哉！

解说：坎卦代表重重险阻，天的险阻无法达到，地的险阻就是山川丘陵。君王公侯们设下险阻来守卫自己的国土。险阻的功用实在是太重大了！

祗（zhī）平

出处：九五：坎不盈，祗既平，无咎。

解说：九五：水坑尚未填满，小山丘已经与地平齐，没有灾祸。这里的"祗"通"坻（chí）"。水坑未满，但可用来填满它的小山丘之土已经耗尽，意思是忧患未除，而应对忧患的能力不够，但九五为阳刚当位，所以只要保持定力，未来还是平安的。

《离第三十》

柔丽、丽中

出处：柔丽乎中正，故亨。

解说：柔和地附着于中正之位，是亨通的。

继明

出处：大人以继明照于四方。

解说：大人（即君主）仿效日月，以连续不断的光明照耀着大地四方。

错然

出处：初九：履错然，敬之，无咎。

解说：初九：步履谨慎，毕恭毕敬，这样就没有灾祸。

黄离

出处：六二：黄离，元吉。

解说：六二：黄色为中正之色，以中正之道附着于物，大为吉祥。古代以黄色为处于中心的至尊正色，故以黄色比喻六二居中而正。

正邦

出处："王用出征"，以正邦也。

解说："君王出兵征伐"，是为了匡正邦国。上九表示虽然有斗争发生，但这种斗争的目的在于纠正乱象，是有利的，并无灾祸。

《咸第三十一》

从思

出处：九四：贞吉，悔亡。憧憧往来，朋从尔思。

解说：九四：吉祥，没有悔恨。心神不宁地去了又来，跟随的朋友都会顺从你的想法。

《恒第三十二》

所恒

出处：观其所恒，而天地万物之情可见矣。

解说：观察"永恒"之道，自然就可以发现天地万物不变的常情。

久中

出处：九二"悔亡"，能久中也。

解说：九二"所有的悔恨都会消失"，是因为九二将中正之道长久地坚持下去。

《遁第三十三》

与时

出处：刚当位而应，与时行也。

解说：阳刚正当其位而下应，与时势顺应而行。因遁卦为艮下乾上，乾被艮所止，有所逃避，逃避故不受害，所以有较小的亨通之势。

执革

出处：六二：执之用黄牛之革，莫之胜说。

解说：六二：用黄牛皮来捆绑，谁也无法挣脱。意思是六二具有极其坚毅、不可战胜的志向。

正志

出处："嘉遁，贞吉"，以正志也。

解说："嘉美的避让是非常吉利的"，因为九五避让的志向端正。意思是，完成了自己的责任后，该避让就坦然避让，这是正人君子的作为，很吉祥。

《大壮第三十四》

利贞

出处："大壮"，大者壮也。刚以动，故壮。大壮利贞，大者正也。

解说："大壮"，就是宏大之物很强壮。刚健且有行动力，所以强壮。大壮卦利于守持正固，宏大之物需端正。

弗履

周易

出处：君子以非礼弗履。

解说：君子对于非礼之事，是不会去履行的。意思是，虽然强而壮盛，但君子不会做不合道义的事。

《晋第三十五》

康侯、锡蕃

出处：晋：康侯用锡马蕃庶，昼日三接。

解说：晋卦，拥有美好名望的公侯得到君王的许多车马，一天之内获得三次接见。

晋明、顺丽、丽明、柔进、柔上

出处：晋，进也，明出地上。顺而丽乎大明，柔进而上行。

解说：晋卦为坤下离上，表示灿烂光明如同日出大地之上。和顺地附着于太阳伟大的光明，温柔地向上升起。

明晋、自昭

出处："明出地上"，晋。君子以自昭明德。

解说："灿烂光明如同日出大地之上"，这就是晋升。君子因此而自我昭示光明的美德。意思是君子要像太阳一样让天下人看到自己的光芒。

《明夷第三十六》

明中、用晦、而明

出处：明入地中，"明夷"，君子以莅众，用晦而明。

解说：明夷卦为下离上坤，光明入于大地之下，"光明被夷灭"，这并非没有光明，而是光明深藏于内，君子以此姿态面对民众，用晦暗来保存自己的明正。

夷南

出处：九三：明夷于南狩，得其大首，不可疾贞。

解说：九三：光明夷灭于南方的狩猎，得到了元凶之首，不能操之过急，结果吉祥。

贞明

出处：箕子之贞，明不可息也。

解说：商纣王时的忠臣箕子虽然身在无道昏君的朝堂上，但能保守自己的正直节操，这表示六五的光明是不会黯淡消失的。

《家人第三十七》

富家

出处：六四：富家，大吉。

解说：六四：把家庭变得富有，大为吉利。

孚威

出处：上九：有孚，威如，终吉。

解说：上九：在家中有诚信，有威严，最终结果很吉利。

《睽第三十八》

遇雨

出处：上九：睽孤。见豕负涂，载鬼一车，先张之弧，后说之弧。匪寇婚媾，往，遇雨则吉。

解说：上九：背离而孤立。看到一头猪，背上涂满污泥，一辆车上满载着鬼怪，先拉开弓，想要射箭，接着又放下了弓。那不是贼寇，而是来谈婚论嫁的人。前往时遇到下雨，就很吉利。意思是，情况其实是好的，但心中有疑虑，眼里看到的就都是坏的，"遇雨"便是比喻疑虑被消除，不再恐惧而得到了很好的结果。

《蹇第三十九》

来誉

出处：初六：往蹇，来誉。

解说：初六：往前走会遇到艰险，返回而来会得到赞誉。意思是时机未到，不要轻易去做某件事。

朋来

出处：九五：大蹇，朋来。

解说：九五：遭遇了很大的艰难困苦，朋友们纷纷前来相助。

硕吉

出处：上六：往蹇，来硕，吉。利见大人。

解说：上六：向前行走会很艰难，返回而来则有很大的成就，是吉利的。有利于与掌握大权的人相见。

《解第四十》

中道

出处：九二，"贞吉"，得中道也。

解说：九二说的是打猎时获得三只狐狸，也就是说打猎收获很多，并得到黄色的箭，这是很吉利的，因为九二得到了中正之道。

君解

出处：君子有解，小人退也。

解说：君子会去解决疑难，小人则畏惧退后。

《损第四十一》

益柔

出处：二簋应有时，损刚益柔有时。

解说：用较少的祭品也应合时，损减刚强，增长柔顺，都应该合时。"簋"是古代食器，可用于宗庙祭祀时装供奉的食物，"二簋"指的是供奉的食物比较少。只要内心是真诚的，祭祀食物少也是吉祥的。

得臣

出处：上九：弗损，益之，无咎，贞吉，利有攸往。得臣无家。

解说：上九：没有损减，而有增益，这样没有灾祸，很是吉利，利于前往。得到了臣民的拥戴，就不再有自己的家了。

《益第四十二》

益下、民悦

出处："益"，损上益下，民说无疆。

解说：益卦所谓"增益"，就是损减上方，补益下方，使广大百姓喜悦无限。这里的"说"通"悦"。

施生、益方

出处：天施地生，其益无方。

解说：上天施予恩惠，大地生育万物，这种增益遍及各方。

周易

益时

出处：凡益之道，与时偕行。

解说：凡是有所增益的方法，都是要顺应时势，与时势共同进退发展的。

惠心、惠德

出处：九五：有孚惠心，勿问元吉。有孚，惠我德。

解说：九五：有诚信，有施惠于人的心意，不必问，自然是大为吉利的。只要有诚信地去做这些好事，臣民们会感念我的恩德。

立恒

出处：上九：莫益之，或击之，立心勿恒，凶。

解说：上九：没有使他有所增益，有人打击他，树立的心志不能持恒，这是很危险的。

《夬第四十三》

有戎

出处：九二：惕号，莫夜有戎，勿恤。

解说：九二：发出警惕的惊叫，夜晚会发生战事，不必担心。九二刚健居中，所以即使显现兵戎征象，也不需担忧。

《姤第四十四》

品章

出处：天地相遇，品物咸章。

解说：天与地阴阳二气相遇交会，产生的万物都绚烂鲜明。

金柅（nǐ）

出处：初六：系于金柅，贞吉。有攸往，见凶。羸豕孚蹢躅。

解说：初六：用坚实的柅来牵系住车辆，很是吉利。有所往，则会遇到危险。就像瘦弱的猪被绳索捆住却仍然浮躁地跑来跑去。意思是坚硬地牵制就吉利，阴柔地牵制就危险。柅是古代用来制动车辆的小木块，金柅意为坚硬的木块。

中正

出处：九五"含章"，中正也。"有陨自天"，志不舍命也。

解说：九五"含有华美的内蕴"，因其处于中正之位，具备中正之德。其所谓"美好的际遇从天而降"，表示九五志在不放弃自己的使命。

《萃第四十五》

萃刚

出处：萃，聚也。顺以说，刚中以应，故聚也。

解说：萃，就是汇聚。萃卦为坤下兑上，在下的坤卦柔顺于上方的兑卦，其主卦九五阳刚居中，对应下方六二之阴柔，所以汇聚。

《升第四十六》

南征

出处：升：元亨，用见大人，勿恤。南征吉。

解说：升，达到最亨通的状态，适宜见到有权势的大人物，不必担心。向南发展是吉利的。

以升

出处：柔以时升。巽而顺，刚中而应，是以大亨。

解说：升卦为巽下坤上，巽卦阴柔，代表草木，草木会跟随时序逐节生长增高，故曰"柔以时升"。巽卦在下，坤卦柔顺而在上，阳刚居中而有对应，所以大为亨通。

木升

出处：地中生木，升。君子以顺德，积小以高大。

解说：在地面之下长出了树木，这就是升的意义。君子以柔顺为美德，将微小的增长积淀成高大的功业。

允升

出处：初六：允升，大吉。

解说：初六：适宜上升，大为吉利。

亨岐

出处：六四：王用亨于岐山，吉，无咎。

解说：六四：君王在岐山祭祀，吉利，没有灾祸。

246

《困第四十七》

所亨

出处：困，刚揜（yǎn）也。险以说，困而不失其所亨，其唯君子乎！

解说：困，就是说阳刚被遮掩了。困卦为上坎下兑，坎是艰险，兑是愉悦，故经历了险却产生了喜悦，虽然被困但依然有着亨通的前途，只有君子才能做到。

《井第四十八》

井井

出处：往来井井。

解说：来来往往的人很多。"井井"是洁净的样子，古代有井的地方总是人来人往，络绎不绝，但越是取水人多的水井，水就越是干净。

井寒、寒泉

出处：九五：井冽寒泉，食。

解说：九五：井水清冽，寒冷洁净，可以食用。

《革第四十九》

革成、革时

出处：天地革而四时成，汤武革命，顺乎天而应乎人，革之时大矣哉！

解说：天地变革从而促成了四季运转的形成，商汤、周武王的变革改命，顺应了天意，响应了人心，变革的时运是多么宏大啊！

泽火、治明

出处：泽中有火，革。君子以治历明时。

解说：革卦为离下兑上，离为火兑为泽，火在水泽之中，水不容火，便酝酿着变革。君子运用这个原理来修治历表、明确时间。意思是变革带来季节时令的转换，君王懂得这个道理，才会修治历法，向天下人宣布时间。

行嘉

出处："己日革之"，行有嘉也。

解说："在己日发生变革"，采取行动就会有很好的结果。

信志

出处："改命"之吉，信志也。

解说："满怀诚信地去变革命运"是吉利的，因为志向得到了舒展。

虎文、文炳

出处："大人虎变"，其文炳也。

解说："正当其位的大人像虎一样变革"，大人之变如虎的皮毛般文采斑斓。

君蔚、文蔚

出处："君子豹变"，其文蔚也。

解说："君子的变革像豹子一样"，君子之变如豹纹一般美丽。

《鼎第五十》

鼎实

出处：九二：鼎有实，我仇有疾，不我能即，吉。

解说：九二：鼎中装满了食物，我的仇敌生病了，不能来找我，吉利。鼎是古代所用的一种食器，可以烹煮食物，鼎卦为巽下离上，巽为木，离为火，故鼎卦有烹饪的意象。

鼎玉、鼎铉

出处：上九：鼎玉铉，大吉，无不利。

解说：上九：鼎上的铉是玉石制成的，大为吉利，没有任何不利。铉是穿过鼎耳用于抬鼎的横杠。

《震第五十一》

震亨

出处：震：亨。震来虩虩（xì），笑言哑哑，震惊百里，不丧
匕鬯（chàng）。

解说：震卦为震下震上，象征雷震频繁，使万物亨通。震雷来的时
候人们都心怀恐惧，但很快又会谈笑自如了，雷能震撼惊动方圆百
里，如同长子有德，可以守住宗庙社稷。震卦代表长子，匕是勺
子，鬯是香酒。匕鬯，泛指饮食器具，这里指代祭祀。

震修

出处：洊（jiàn）雷，震。君子以恐惧修省。

解说：接连不断的雷声，这就是震卦。君子要保持恐惧之心以自我
修行反省。

苏苏、震行

出处：六三：震苏苏，震行无眚（shěng）。

解说：六三：雷震时瑟瑟发抖，感到害怕，这样才能保障行走于雷
震之中而没有灾祸。

《艮第五十二》

时止、时行

出处：艮，止也。时止则止，时行则行，动静不失其时，其

道光明。

解说：艮就是停止。时机要求静止就静止，时机要求行动就行动，行动和静止都要根据时机而定，这样的道理是光明显扬的。

兼山

出处：兼山，艮，君子以思，不出其位。

解说：艮卦为艮上艮下，艮代表山，所以两山相重就是艮卦，君子因此而想到，所作所为不能超出自己所在的位置。

言序

出处：六五：艮其辅，言有序，悔亡。

解说：六五：控制住自己的言语，说话有条理，这样就不会有悔恨。辅的意思是上颚，这里指代开口说话。

《渐第五十三》

之进、进邦

出处：渐之进也，女归吉也。进得位，往有功也。进以正，可以正邦也，其位刚得中也。

解说：渐次进行，就像女儿出嫁要按照礼仪一步步来，最终结果才会吉祥。行进的每一步都恰如其位，这样一直做下去就会建立功业。依据正道来进行，就可以把邦国引导到正道上来发展，因为所进入的地位是中正的。

止巽

〔周易〕

出处：止而巽，动不穷也。

解说：静止而谦逊，这样行动就可以不走到穷途末路。

山木

出处："山上有木"，渐，君子以居贤德善俗。

解说：渐卦为艮下巽上，艮为山，巽为木、为风，"山上长着树木"，象征渐次而生，君子据此明白贤良的美德可以使风俗变得淳善。

鸿磐

出处：六二：鸿渐于磐，饮食衎衎（kàn），吉。

解说：六二：鸿雁渐渐落脚在磐石上，愉快地吃着喝着，吉利。

鸿陆、羽仪

出处：上九：鸿渐于陆，其羽可用为仪，吉。

解说：上九：鸿雁渐渐落脚在平陆之上，它的羽毛可以用来增加仪表之美，吉利。

《丰第五十五》

宜中

出处：丰，亨。王假之。勿忧，宜日中。

解说：丰卦为离下震上，光明震动，带来丰盛，万物亨通。君王会达到其所欲的盛大。不必忧心，要像太阳居于天中那样光芒万丈，照耀世界。

明丰

出处：丰，大也。明以动，故丰。

解说：丰就是盛大。明亮且震动，所以盛大。

来章、庆誉

出处：六五：来章有庆誉，吉。

解说：六五：彰显贤德，获得福运和美名，吉利。

《旅第五十六》

旅亨

出处：旅：小亨，旅贞吉。

解说：旅卦象征旅行在外，小有亨通，行旅很吉祥。

明慎

出处：山上有火，旅。君子以明慎用刑而不留狱。

解说：旅卦为艮下离上，艮为山，离为火，故山上有火象征旅行。君子因此而洞明慎重地使用刑罚，不把人羁留在监狱中。

《巽第五十七》

刚巽

出处：刚巽乎中正而志行。

解说：阳刚进入中正之位，志向便得以施行。

利武

出处：初六：进退，利武人之贞。

解说：初六：在进退之间，有利于刚健勇武之人。

《兑第五十八》

丽泽

出处：丽泽，兑。君子以朋友讲习。

解说：兑卦为兑上兑下，兑为泽，所以两泽相连就是兑卦。兑也代表用语言使人愉悦，君子与朋友谈论学习道理，感到很愉悦。

和悦

出处：初九：和兑，吉。

解说：初九：和善愉悦地与人相交，吉利。兑，同"悦"。

孚悦

出处：九二：孚兑，吉。悔亡。

解说：九二：诚信愉悦地与人相交，吉利。没有悔恨。

《节第六十》

周易

以节、以通

出处：说以行险，当位以节，中正以通。

解说：节卦为兑下坎上，兑为愉悦，坎为险。愉悦地行走在险境中，正当其位而有所节制，处于中正所以亨通。

安节

出处：六四：安节，亨。

解说：六四：安于节制，亨通。

甘节

出处：九五：甘节，吉。往有尚。

解说：九五：认为节制是甘美的德行，吉利。前往时会得到嘉赏。

《中孚第六十一》

化邦

出处：中孚，柔在内而刚得中，说而巽，孚，乃化邦也。

解说：中孚卦为兑下巽上，心中存有诚信之意，内在阴柔，刚健居于中正，愉悦而谦逊，就是诚信，可以教化邦国。

利川、舟虚

出处："利涉大川"，乘木舟虚也。

解说："有利于渡过大江河"，因为乘坐的木船内有虚空。

鹤和

出处：九二：鹤鸣在阴，其子和之。我有好爵，吾与尔靡之。

解说：九二：鹤在阴处鸣叫，它的幼鹤也叫起来，与它相和。我有醇美的酒，我和你一起享用。

《既济第六十三》

思豫

出处：水在火上，既济。君子以思患而豫防之。

解说：既济卦为坎上离下，坎为水，离为火，故既济卦为水在火上，表示事情已经办成了。君子因此而思索忧患所在，提前预防。

《未济第六十四》

以慎、居方

出处：火在水上，未济。君子以慎辨物居方。

解说：未济卦为坎下离上，坎为水，离为火，所以是火在水上，表示事情没有办成。君子因此谨慎地观察分辨事物，好将它们放置在正确的方位。

君光、君晖、晖吉

出处："君子之光"，其晖吉也。

解说："君子之行的光"，其辉彩会带来吉祥。

《系辞上》

易知、易从

出处：乾以易知，坤以简能；易则易知，简则易从。

解说：乾因为平易而可为人所知，坤因为简朴而可为人所晓；平易则容易被知道，简朴则容易被跟从。乾坤就是天地自然，在《易》的观念中，天地自然的规律因为客观所以简单，是完全可知的。

贤德、贤业

出处：可久则贤人之德，可大则贤人之业。

解说：贤明的人，其道德是可持久坚守的，其事业是可持续发展的。

存介

出处：忧悔吝者存乎介。

解说：担心未来可能后悔、遗憾，就要多注意细微的征兆。

乐知

出处：乐天知命，故不忧。

解说：把上天注定的事情视为命运，顺应安乐，所以不会感到忧虑。

敦仁、能爱

出处：安土敦乎仁，故能爱。

解说：安居于故土，具有深厚的仁德，所以能够向人施予仁爱。

范化、曲成

出处：范围天地之化而不过，曲成万物而不遗，通乎昼夜之道而知，故神无方而《易》无体。

解说：将天地的变化规范起来，不使其超过界限，顺应贴合万物自由运行，不让任何事物被遗漏在外，贯通昼夜交替的道理，能够举一反三地认知自然就是阴阳的相互转化，所以神明是没有固定方向的，《易》也是没有固定体例的，一切都在变化中。

继之、成之、谓仁、谓知

出处：一阴一阳之谓道。继之者善也，成之者性也。仁者见之谓之仁，知者见之谓之知，百姓日用而不知，故君子之道鲜矣。

解说：阴和阳就是道。将阴阳运行继续下去的，是天地的美德，利用阴阳运行有所成就的，是天地的本性。仁善的人看到这一切，便说这是仁善的体现，智慧的人看到这一切，便说这是智慧的体现，天下百姓每天都在享用这一切带来的功用，但没有察觉，所以，能够从中领悟到阴阳原理的君子的思想，是很少的。

生生

出处：生生之谓易。

解说：万物生长、消亡、再次生长，循环不息，这就是所谓的"易"。

言远、言迩

出处：夫《易》，广矣大矣，以言乎远则不御；以言乎迩则静而正；以言乎天地之间，则备矣。

解说：《易》，广阔而博大，当我们运用《易》的语言，讲述远方事物时不必驾驭车马；讲述近处事物时，宁静而端正；讲述天地之间所有的事物，只要运用《易》的语言就足够了。

广生

出处：夫坤，其静也翕，其动也辟，是以广生焉。

解说：坤，也就是大地（土地），其安静时万物收敛无声，其跃动时万物开拓进取，一静一动、一翕一辟之间，生出了这个广阔无垠的世界。

知崇

出处：知崇礼卑，崇效天，卑法地。

解说：要有瞻望于高处的视野和智慧，要有安居于低处的谦卑和礼仪，瞻望于高处，是效仿凌越一切的天空，安居于低处，是学习承载一切的土地。

|周易|

成存

出处：成性存存，道义之门。

解说：能够成就万物之性，保存万物的存在，这就是进入道义之殿堂的门户。

见赜（zé）

出处：圣人有以见天下之赜，而拟诸其形容，象其物宜，是故谓之象。

解说：圣人能够看到天下最幽深不可见之物，而且将其比拟成具体的形状姿态并描述出来，做成最适宜的形象，所以叫作"卦象"。"赜"意为幽深难见。

枢发

出处：言行，君子之枢机。枢机之发，荣辱之主也。言行，君子之所以动天地也，可不慎乎？

解说：语言和行为，是君子所思所想的开关。如何打开这个开关，决定了人所承受的荣耀或屈辱。言语和行为，是君子用以撼动天地的手段，怎么可以不慎重呢？

言兰

出处：同心之言，其臭如兰。

解说：有着共同的心志而说出的话，就像兰草一样芬芳。

默言

出处：默而成之，不言而信，存乎德行。

解说：潜移默化而能成就它，无须多言而能使其可信，在于（推行者的）美德和嘉行。

《系辞下》

月明
出处：日月之道，贞明者也。
解说：日月的规律，在于守护正道，带去光明。

乾易、坤简
出处：夫乾，确然示人易矣。夫坤，隤（tuí）然示人简矣。
解说：乾，坚定地向人们显示平易。坤，柔和地向人们显示简朴。

曰生
出处：天地之大德曰生，圣人之大宝曰位。
解说：天地最大的美德叫作"生养"，圣人最大的宝物叫作"权位"。

化宜
出处：神农氏没，黄帝、尧、舜氏作，通其变，使民不倦，神而化之，使民宜之。
解说：神农氏没落后，黄帝、尧、舜率领的氏族兴起，他们变通古代的制度，让人民不感到厌倦，又增加了许多神妙的化用，使人民更加适应。

261

【周易】

栋宇

出处：上栋下宇，以待风雨，盖取诸大壮。

解说：上面架设栋梁，下面建造屋檐，这样来抵御风雨，大概是从大壮卦中采取的道理吧。

几微

出处：几者，动之微。吉之先见者也。

解说：几，是动态中的微妙之处，是吉凶事态最先表现出来的征兆。

和行

出处：履以和行。

解说：履卦促进和谐的行进。

制礼

出处：谦以制礼。

解说：谦卦让人们懂得自我制约的礼教。

自知

出处：复以自知。

解说：复卦警醒人们多多自我认知。

一德

出处：恒以一德。

解说：恒卦主张德行的恒一不变。

兴利

周
易

出处：益以兴利。

解说：益卦鼓励人们创造利益（而不是创造损害）。

井义

出处：井以辨义。

解说：井卦告诉人们要辨明真正的道义。

至健、恒易、知险、至顺、恒简、知阻

出处：夫乾，天下之至健也，德行恒易以知险。夫坤，天下之至顺也，德行恒简以知阻。

解说：乾，是天下最刚健的，其德行始终平易，可以知道未来的危险。坤，是天下最柔顺的，其德行始终简朴，可以知道未来的阻碍。

《说卦》

雨润、润之、烜之、君之、藏之

出处：雷以动之，风以散之，雨以润之，日以烜之，艮以止之，兑以说之，乾以君之，坤以藏之。

解说：雷是震动万物的，风是散播万物的，雨水是滋润万物的，太阳是晒干万物的，艮是停止万物的，兑是愉悦万物的，乾是统治万物的，坤是收藏万物的。

（五）《道德经》起名实例

道冲	渊宗	湛存	守中	绵存	若水	几道	善渊	善仁	善信
善治	善能	善时	执古	豫若	冬川	若客	若冰	敦若	若朴
旷若	若谷	若浊	以澄	静清	安久	保道	新成	常容	贵言
见素	抱朴	澹海	兮若	希言	希然	寥立	袭明	为溪	为式
为谷	复朴	圣大	成大	柔胜	静正	璩珞	珞珞	上勤	勤行
若昧	若退	质真	若渝	吾善	吾信	德善	德信	守柔	明强
介知	德真	德余	德长	德丰	德普	曰常	曰明	曰祥	曰强
和光	同尘	玄同	以正	以奇	自化	自正	自富	自朴	方廉
美言	美行	图难	于易	慎如	江海	慈勇	俭广	慈战	慈守
天慈	褐玉								

道冲

出处：道冲，而用之或不盈。

解说：道是空虚无形的，它的作用又是无穷无尽的。

渊宗

出处：渊兮，似万物之宗。

解说：它深奥无比，如同万物的本源。

湛存

出处：湛兮，似或存。

解说：它深厚而清澈，似乎真实存在，又似乎并不存在。

守中

出处：多言数穷，不如守中。

解说：言语说得太多，说出了不该说的话，就会把自己逼到绝路上去，不如沉默不语，把话放在心里。

绵存

出处：谷神不死，是谓玄牝。玄牝之门，是谓天地根。绵绵若存，用之不勤。

解说：谷神，指如粮谷一样养育万物的道，是永远不会消亡的，它有一种可称为深邃玄妙的母性。这种深邃玄妙的母性的命门所在，就是天地生发存续的源泉。这源泉绵绵不绝，似无而有，使用的时候不能过于频繁，应有节制地、留有余裕地去运用。

若水

出处：上善若水。

解说：至高的善行，就像水一样。

几道

出处：水善利万物而不争，处众人之所恶，故几于道。

解说：水的善对万物都有均等的惠利，但其本身却丝毫不计较私利，它会自然地流向所有人都不愿去的最低处，所以最接近"道"。

善渊、善仁、善信、善治、善能、善时

出处：居善地，心善渊，与善仁，言善信，政善治，事善能，动善时。

解说：居住在最善之地，心怀沉静宽恕，与人相处秉持仁厚之道，说出的话语真诚且有信用，治理政务清明贤能，办事时施展出上佳能力，采取行动总是找得到最佳时机。

执古

出处：执古之道，以御今之有。能知古始，是谓道纪。

解说：依照上古大道来行事，可处置今日的所有问题。能够了解上古之道是如何开启的，这便可称为道的纲纪。

豫若、冬川、若客、若冰、敦若、若朴、旷若、若谷、若浊

出处：豫兮若冬涉川，犹兮若畏四邻，俨兮其若客；涣兮若冰之将释，敦兮其若朴，旷兮其若谷；混兮其若浊。

解说：小心谨慎的姿态像冬天走过冰封的河面，警觉戒备的姿态像时

刻畏惧着豪横的四邻，端庄严肃的姿态像出席宴会的宾客；松弛和蔼的姿态像冰块融化，敦厚淳朴的姿态像未经斫治的原木，宽广旷达的姿态像内中空虚的山谷；宽容地接受一切的姿态就像浑浊的江河之水。

以澄、静清、安久、保道、新成

出处：孰能浊以澄，静之徐清？孰能安以久，动之徐生？保此道者不欲盈。夫唯不盈，故能敝而新成。

解说：谁能让浑浊的水停止流动，变得平静，逐渐澄清？谁能在长久的安定中，驱动内外使生机逐渐焕发？保持这个"道"的人不喜欢圆满。因为只有不圆满，才能运行起来，将旧而腐朽之物除去，让新而有活力之物生成。

常容

出处：知常容，容乃公，公乃全，全乃天，天乃道，道乃久，没身不殆。

解说：知道了万物运行的客观规律，就会变得宽容，宽容了以后，就会具有秉持公道之心，秉持公道之心，就会做到全面地看待事物，做到了全面地看待事物，便可符合天道了，凡事符合天道，才能长久，终其一生都不会遭遇覆灭之险。

贵言

出处：悠兮其贵言。功成事遂，百姓皆谓："我自然。"

解说：有智慧的人总是态度悠然，不急于发布种种宣言和号令。等他圆满地缔造了功业，享受这个功业的百姓都会说："我们本来就是这样的啊。"

【道德经】

见素、抱朴

出处：绝圣弃智，民利百倍；绝仁弃义，民复孝慈；绝巧弃利，盗贼无有。此三者以为文，不足。故令有所属：见素抱朴，少思寡欲，绝学无忧。

解说：摒弃那些自以为的"圣明"和"智慧"，对民众大有好处；摒弃那些虚无伪饰的"仁德"和"道义"，民众会自行恢复天性中的忠孝仁慈；摒弃那些刻意设计的机巧和牟利之举，小偷强盗自然会绝迹。所谓圣智、仁义、巧利这三者，是不足以用来治理天下的。所以应当令天下归属某些真正的德行：保持本心如初，一如不画文采的器物，不经雕琢的原木，不过度思考，减少内心的欲望，杜绝虚伪的"圣贤之学"，排除毫无意义的忧患。

澹海、飂若

出处：澹兮其若海，飂（liù）兮若无止。

解说：其宁静浩渺如同广阔的大海，其高飞飘荡如同不停歇的风。

希言、希然

出处：希言自然。

解说：珍惜言语（少说、不说）才是符合天然之道的。

寥立

出处：有物混成，先天地生。寂兮寥兮，独立而不改，周行而不殆，可以为天地母。吾不知其名，强字之曰道，强为之名曰大。

解说：有一样东西浑然成就，比天地更早地诞生了。它寂然无声，稀疏无形，孤独地存在着，永恒而不改变，它遍及万物，使万物生而不灭，因此可以说是天地的母亲。我不知道这样东西的名字，如果一定要给它名字的话，那就称其为"道"，形容其为"大"。

道德经

袭明

出处：善行无辙迹，善言无瑕谪；善数不用筹策；善闭无关楗而不可开，善结无绳约而不可解。是以圣人常善救人，故无弃人；常善救物，故无弃物。是谓袭明。

解说：善于行走的人不会留下车辙或脚印，善于言论的人不会留下破绽和过错；善于计数的人不需要筹策来辅助；懂得如何把门关好的人不用门闩，别人也打不开，懂得如何打绳结的人就算不用绳索也一样可以打死结。因而，圣人善于救人，所以不会觉得某人救不了而放弃；善于物尽其用，所以不会因为觉得某物无用而废弃。这就是承袭于天然本性而纳入心中的明智。

为溪

出处：知其雄，守其雌，为天下谿。

解说：知道如何像雄性一样刚强，但保守着雌性一样的包容柔和，这样便可让天下的人心从四面八方涌入，就像天下河流都归于大海。"谿"同"溪"，"天下谿"就是低于陆地的大深谷，即海洋。

为式

出处：知其白，守其黑，为天下式。

解说：知道如何在光明中耀眼，却保守昏黑中的晦暗，这样便可成就天下人景仰效仿的范式。

为谷

出处：知其荣，守其辱，为天下谷。

解说：知道如何获得荣誉但不争荣誉，受辱时守住理智以退为进，这样便可像山谷一样怀抱深邃，包容天下。

复朴

出处：为天下谷，常德乃足，复归于朴。

解说：像山谷一样怀抱深邃包容天下，具备充分的美德而不自夸，这便是返归了最为朴素单纯的状态。

圣大、成大

出处：是以圣人之能成大也，以其终不自为大，故能成其大。

解说：所以，圣人之所以能成为被尊崇为"大"的存在，就是因为他本身不把自己当作大而尊者，对世人虚怀以待，这才能成就真正的"大"。

柔胜

出处：柔弱胜刚强。

解说：柔和、弱小可以战胜刚硬、强大。

静正

出处：不欲以静，天下将自正。

解说：舍弃欲望便可带来淡泊宁静，如此，天下将自动地调整到正轨上来。

璆（liú）珞、珞珞

出处：是以侯王自称孤、寡、不谷。此非以贱为本邪？非乎？故致誉无誉。是故不欲璆璆如玉，珞珞如石。

解说：所以诸侯君王们自称为"孤""寡人""不谷"。这不就是以自谦卑贱为处世的根本之道吗？不是吗？所以说，一心钻营于获取表面的名誉，而名不副实，那最终结果反而是失去名誉。所以说，为人不应该追求玉石那般的鲜莹光润，而应该像石头一样坚硬朴实。

上勤、勤行

出处：上士闻道，勤而行之。中士闻道，若存若亡。下士闻道，大笑之。不笑不足以为道。

解说：才学上等的士人听到了真知正道，自会勤勉地去实行。才学中等的士人听到了真知正道，将信将疑，似有所得，又似有所失。才学下等的士人听到了真知正道，因为其智力不足以理解，能力上又做不到，所以只会嘲笑。如果不被（下等之人）嘲笑，那也不足以被称为"真知正道"了。

若昧、若退、质真、若渝

出处：故建言有之：明道若昧，进道若退，夷道若纇（lèi），上德若谷，大白若辱，广德若不足，建德若偷，质真若渝，大方无隅，大器晚成，大音希声，大象无形。道隐无名。夫唯道，善贷且成。

解说：所以有这样的立命之言：通向光明的道路似乎格外昏暗，向前进取的道路似乎时有后退，非常平坦的道路似乎总存在着一些坎坷，处于最高位的德行就像凹陷的深谷无所不容，最纯洁素白的德

271

行能容忍一切侮辱抹黑；美德越是宽广，越感觉有所不足；越是勤于修行建立自己的德行，越是低调而行，不欲人知；纯真朴实的本质，看起来反而有些不干净；大而方的屋子里没有角落，正如品行方正的人内心没有阴暗之处；最为重要、正式的器物，都是要花很多时间去铸造的，不可能早早成功；最为典雅恢宏的声音，都是极少被听到的；最为宏大庄严的影像，都是极少被看到的。天地间的大道，因其隐秘而无人知其名号。唯有这大道，是善于施予且成就万物的。

吾善、吾信、德善、德信

出处：善者，吾善之，不善者，吾亦善之，德善。信者，吾信之，不信者，吾亦信之，德信。

解说：善良的人，我会以善相待，不善良的人，我也会以善相待，因为我的善是我的德决定的，而不是依据对方善与不善来决定的。诚信的人，我以诚信相待，不诚信的人，我也以诚信相待，因为我的诚信是我的德要求的，而不是看对方是否诚信而决定的。

守柔、明强

出处：见小曰明，守柔曰强。用其光，复归其明，无遗身殃，是为习（袭）常。

解说：能够照亮别人看不到的细微处的，可称为洞明之光，能够不使用武力而守住正道，可称为强大的力量。见识到了光的照耀，而返归发出这光的明亮之物，不使自己遭遇祸殃，这就是沿袭了宇宙间恒常的规律。

介知

出处：使我介然有知，行于大道，唯施是畏。

解说：假使我是一个微小而有智慧的生物，行走在巨大宽广的道路上，那么我内心只会有恐惧了——恐惧于自己找不到正确的方向。

德真、德余、德长、德丰、德普

出处：善建者不拔，善抱者不脱，子孙以祭祀不辍。修之于身，其德乃真；修之于家，其德乃余；修之于乡，其德乃广（长）；修之于国（邦），其德乃丰；修之于天下，其德乃普。

解说：善于建立的人，是遵循正道而建立，所以建成的东西不会被拔除，善于抱持的人，是遵循正道而抱持，所以能够抱住而不松脱，所以说，只有遵循正道，才能子子孙孙传承下去。用这样的理念来修为，修成的品德才是真正的美德；用这样的理念来治家，治理好的家风才能带来用不完的福庆；用这样的理念管理乡里，才能让乡民们获得更广泛长远的德泽；用这样的理念统治国家，国家才会越来越兴盛繁荣；用这样的理念来统治天下，才能让天下人普遍享受到德惠。

曰常、曰明、曰祥、曰强

出处：知和曰常，知常曰明，益生曰祥，心使气曰强。

解说：知道内心和顺，就是保持恒常，知道内心保持恒常，就是洞明，滋养生命而使寿命增长，就是吉祥，随从自己的心而运用元气，就是强大。

｜道德经｜

和光、同尘、玄同

出处：挫其锐，解其纷，和其光，同其尘，是谓玄同。

解说：磨平尖锐，纾解纠结，融合于天地之光，混同于天地间的尘垢，这就是最为玄妙的和而同之的境界。

以正、以奇

出处：以正治国，以奇用兵，以无事取天下。

解说：用公正的心去治理国家，用诡奇的谋略去征伐争战，用清平宁静、不扰百姓的方式去征服天下人心。

自化、自正、自富、自朴

出处：我无为，而民自化；我好静，而民自正；我无事，而民自富；我无欲，而民自朴。

解说：我不特意有所为，人民会自我教化向善；我主张清静平和，人民自会修正言行；我不介入实际的事务，人民自会找到致富之道；我没有享乐的欲望，人民自会选择淳朴的生活方式。

方廉

出处：正复为奇，善复为妖，人之迷，其日固久。是以圣人方而不割，廉而不刿（guì），直而不肆，光而不耀。

解说：正面的事物总是充满变化，善美之事也经常转换不定，人总是沉迷于那些美好的东西，这样的日子很久很久了。所以圣人执正义之道，但并不与现实割裂，执清廉之道，但对别人并不苛刻，执端正之道，但并不强行去干预别人，执光明之道，但不会向外界炫耀自己的美德。

美言、美行

出处：美言可以市尊，美行可以加人。

解说：美好的言辞可以换来别人的尊敬，美好的行为可以使别人受到勉励。

图难、于易

出处：图难于其易，图大于其细。

解说：解决难题，要从最容易的地方入手，图谋大事，要从细微处入手。

慎如

出处：慎终如始，则无败事。

解说：做事从始至终都是一样的谨慎，那么就不会出现失败的情况。

江海

出处：江海所以能为百谷王者，以其善下之，故能为百谷王。

解说：大江和大海之所以能成为世间所有河流最终归依的王者，是因为它们总是处在世间所有河流的下方，所以才能成为所有河流归依的王者。

慈勇、俭广

出处：慈，故能勇，俭，故能广；不敢为天下先，故能成器长。

解说：因为慈爱，所以为了自己所爱的人就可以很勇敢；因为节

275

俭，所以积蓄厚重，能接济广大；因为不敢率先于天下，所以能成为天下万物的首领。

慈战、慈守

出处：夫慈，以战则胜，以守则固。

解说：慈爱这种品质，用来作战可以取得胜利，用来防守可以使城池关隘更加坚固。

天慈

出处：天将救之，以慈卫之。

解说：上天如果想要挽救谁，就会用慈爱的方式去守卫他。

褐玉

出处：知我者希，则我者贵。是以圣人被褐怀玉。

解说：了解我（圣人）的人很稀少，以我为榜样的人很可贵。所以，圣人就像穿着粗陋布衣却怀揣美玉的人（难以得到世人的理解和珍视）。

（六）《庄子》起名实例

北鲲	化鹏	怒飞	培风	图南	时泽	铸舜	广莫	喻非	莲楹
寓庸	和钧	休钧	天均	彼非	葆光	安顺	薪传	至存	存己
悦贤	心斋	瞻白	化纽	德能	游心	养中	心成	守宗	鉴水
唯舜	幸正	鉴明	久贤	和豫	才全	德友	知盛	有真	暖然
利泽	礼翼	况卓	其卓	况真	其真	化道	若孺	天小	寥天
于淡	于漠	疏明	素民	圣利	含明	含聪	含知	含德	在宥
渊默	渊雷	约柔	渊静	明纯	明道	化均	治一	谓德	谓宽
谓纪	谓立	明十	韬沛	见晓	闻和	谓悦	谓安	静明	静圣
朴美	均和	和乐	天乐	同波	阳波	古明	先明	明天	治至
广容	挥绰	与化	安化	美从	易恬	素纯	体纯	体素	深宁
宁存	乐全	语海	语冰	语道	小石	小木	意致	兼怀	承翼
若驰	知达	明权	清宁	名实	义适	达福	福持	于机	唯蜩
忘水	见舟	渊若	若陵	牧然	忘适	虚游	既琢	归朴	木声
犁然	亦天	圣晏	晏然	清渊	行贤	清容	正容	振我	故吾
游初	佩玦	非我	方顾	己愈	言知	明法	成理	德美	瞳新
直人	若默	若塞	弗知	而非	宇初	大初	侗然	侗来	宇泰
宇光	泰定	庸光	有光	工拙	成材	超轶	小童	知山	知存
善博	冬江	夏樊	登恒	福淳	拂宜	可纪	可志	非言	非默
任鱼	自善	能游	承意	静然	意言	因曼	言齐	自可	自然
所然	所可	若环	莫伦	歌商	知茂	悦志	恬愉	恬安	燕溪

为锋　为锷　忠镡　谨修　谨真　守真　贵真　孝贞　以适　功美

圣真　知言　知宁　知慧　达生　原一　宗天　天宗　德本　兆化

仁恩　义理　乐和　薰慈　谓墨　羽旋　庄语　瑰玮

《逍遥游》

〔庄子〕

北鲲、化鹏、怒飞

出处：北冥有鱼，其名为鲲。鲲之大，不知其几千里也；化而为鸟，其名为鹏。鹏之背，不知其几千里也；怒而飞，其翼若垂天之云。

解说：北方的海里有大鱼，名叫鲲。鲲体型巨大，身长难以测量，不知道有几千里；鲲可变化为飞鸟，名叫鹏。鹏的背部也不知道有几千里长；它振翅而冲天一飞时，翅膀就像铺满天空的云。

培风、图南

出处：故九万里，则风斯在下矣，而后乃今培风；背负青天而莫之夭阏者，而后乃今将图南。

解说：所以，当大鹏飞到了九万里高的天上，风就在它的身下了，之后它便可以依托着风来飞行；它背负虚空无阻的蓝色天空，没有中途夭亡的危险，就可以一路飞向南方了。

时泽

出处：日月出矣，而爝火不息，其于光也，不亦难乎；时雨降矣，而犹浸灌，其于泽也，不亦劳乎？

解说：太阳、月亮已经出来了，还不熄灭火把，想要与日月一样明亮，那不是很难的事吗？应时令而来的大雨已经落下，而人们还在灌溉农田，想要争夺及时雨对土地的润泽之功，那不是徒劳的吗？

【庄子】

铸舜

出处：是其尘垢粃糠，将犹陶铸尧舜者也，孰肯以物为事！

解说：肩吾与于连叔谈论自己从楚国狂人接舆那里听来的话，说藐姑射山上住着一位神人，肌肤如冰雪，身姿绰约如处女，以风露为食，不吃五谷杂粮，乘云驾龙游于四海，他的心神专注凝聚，能祛除灾患，使庄稼丰收。肩吾认为接舆在胡说八道，但于连叔说，肩吾只是出于无知才不能理解接舆的话。这样的神人是存在的，而且其人有巨大的能量，没有什么能伤害到他，他所废弃的尘垢和粃糠，都可以用来塑造浇铸尧舜这样的圣王，这样的神人，又怎么会把俗世的杂事放在心上！

广莫

出处：今子有大树，患其无用，何不树之于无何有之乡、广莫之野，彷徨乎无为其侧，逍遥乎寝卧其下。

解说：惠子对庄子说他有一棵树，虽然高大，但长得不成材，无人问津，所以事物并非越大越有用。庄子说，现在你有一棵高大的树，却在为它的无用而感到忧虑，那你不如把它种在那什么都没有的空虚之乡广阔无垠的旷野上，在它的侧畔徜徉游荡，在它的浓荫下逍遥自在地躺着睡觉。

《齐物论》

喻非

出处：以指喻指之非指，不若以非指喻指之非指也；以马喻

马之非马，不若以非马喻马之非马也。天地一指也，万物一马也。〔庄子〕

解说：用拇指来譬喻拇指不是手指，不如用不是拇指来譬喻拇指不是手指；以白马来譬喻白马不是马，不如用不是白马来譬喻白马不是马。从道理上来说，事物的要素看似千变万化，其实内在都是一样的，天地就是一指，万物就是一马。

莛楹

出处：故为是举莛与楹，厉与西施，恢恑憰怪，道通为一。

解说：所以，像细细的屋梁和粗大的楹柱、丑恶之人和美女西施，还有诸如此类许多看似诡谲变异不一的事物，其中道理是共通的、一样的。

寓庸

出处：唯达者知通为一，为是不用而寓诸庸。

解说：只有通达的人才知道事物的内在道理是共通如一的，因此，他们不会去探究事物各自的功用，而内在的道理自然就寄寓在事物各自的功用之中。

和钧、休钧、天钧

出处：是以圣人和之以是非而休乎天钧，是之谓两行。

解说：所以圣人将截然对立的是与非两面调和起来，让它们像纺车的轮子一样流畅运行，这就是所谓的兼容了。

庄子

彼非

出处：彼非所明而明之，故以坚白之昧终。

解说：那个人并不明白，却非要让他明白，那么最终的结果就是陷入"离坚白"的愚昧论调之中。"离坚白"是战国时期的一种诡辩论题——依靠视觉感知到白，通过触觉感知到坚，所以人不能同时知道石头是白色和坚硬的。

葆光

出处：故知止其所不知，至矣。孰知不言之辩，不道之道？若有能知，此之谓天府。注焉而不满，酌焉而不竭，而不知其所由来，此之谓葆光。

解说：所以当自己不再知道的时候就能够停止下来，那就是最高的境界了。谁能明白这不被说出来的辩论、不表现为道行的道行呢？如果有人能明白，那就是天然而成的心府了。再多的思想情感注入进去也不会满溢出来，再多的人从中酌取也不会枯竭，而人们都不知道这样的素养从何而来，这就是所谓的"将光亮隐藏起来"。

《养生主》

安顺

出处：安时而处顺，哀乐不能入也，古者谓是帝之县解。

解说：安于时势，顺势而处，这样就能做到悲哀和快乐都不会侵扰到内心深处，古时候把这种状态称为"帝之县解"。"帝"就是天地，"县解"即悬解，解人之倒悬，意思是"天地将人所能感受的最大的痛苦解除了"。在庄子看来，这最大的痛苦就是对自己和亲朋至爱死亡的恐惧和悲伤，只有顺应之，平常视之，才是解脱之道。

〔庄子〕

薪传

出处：指穷于为薪，火传也，不知其尽也。

解说：裹着油脂的木柴烧尽了，但火还会继续传播到新的木柴上，没有终结的时候。

《人间世》

至存、存己

出处：古之至人，先存诸己，而后存诸人。

解说：古时候最聪慧最有道德的人，都是先使自己的道德修为建立完善了，再去要求别人以此为标准来修行。

悦贤

出处：而强以仁义绳墨之言术暴人之前者，是以人恶有其美也，命之曰灾人。灾人者，人必反灾之，若殆为人灾夫。且苟为悦贤而恶不肖，恶用而求有以异？

解说：硬要将所谓仁义的规则说给那些暴君听，其实就是通过数说别人的丑恶，来彰显自己的美德，这可以叫作祸害人。祸害别人的人，终究也会遭人祸害，你这样做恐怕会被人伤害。而且，如果这些暴君本身就悦纳贤德、厌恶丑恶，又何须你去要求他改变呢？

心斋

出处：若一志，无听之以耳而听之以心，无听之以心而听之以气！听止于耳，心止于符。气也者，虚而待物者也。唯道集虚。虚者，心斋也。

解说：颜回向孔子请教修行内心的方法，孔子说："你要专注于这一个心志，对于外界的声音，首先不要用耳朵去听它的杂音，而是用你的心去感受其内在之意义，然后，就不需要用心去感受其内在意义，而是用感应的方式去听其气场！听，仅仅是使用了耳朵的功能；感受，仅仅是心思与外物的相合。但是气场，是用来空虚自我、等待外界事物进入的。我们只有修行到了足够的境界，才能在内心汇集起足够的空虚气场。空虚气场，就是所谓的'心斋'。"

瞻白

出处：瞻彼阕者，虚室生白，吉祥止止。

解说：望向那空虚的气场，宛如空荡荡房间一样的内心世界里生出了明净纯白的心态，保持着这样的心态，自会吉祥连连。

化纽

出处：是万物之化也，禹、舜之所纽也，伏戏、几蘧之所行终，而况散焉者乎！

解说：这就是万物的变化所在，也是禹和舜这样的圣王掌握的诀窍，伏羲、几蘧这样的圣人遵循的法则，圣王圣人都要对其服膺，何况是散落于世间的凡夫俗子呢？

德能

出处： 凡事若小若大，寡不道以欢成。事若不成，则必有人道之患；事若成，则必有阴阳之患。若成若不成而后无患者，唯有德者能之。

解说： 不管做的事情是大还是小，不遵循道义而能欣然成功的情况是很少有的。事情如果办不成，那一定会遭到君主的责备，有一些人事上的祸患；事情如果办成了，那一定会导致阴阳运转失去规律，造成阴阳失调的祸患。所以，事情办成或办不成，而事后都不会遭遇灾祸，这只有贤德的人能做到。

游心、养中

出处： 美成在久，恶成不及改，可不慎欤！且夫乘物以游心，托不得已以养中，至矣。

解说： 美德养成需要很久，恶行一旦形成就来不及更改，怎么可以不慎重！至于顺应着客观事物，让心自由地去遨游，依托着那些无奈、不得顺遂的心志去涵养内在的心气，这就是保养身心最高的境界了。

《德充符》

心成

出处： 固有不言之教，无形而心成者邪？是何人也？

解说： 鲁国有一个因受刑罚而失去双腿的学者名叫王骀（tái），他门下的学生人数和孔子门下差不多。孔子弟子常季对孔子说，王骀

〔庄子〕

285

〔庄子〕 从来不和弟子讲学，但去他那里学习的人，去的时候脑袋空空，离开时却是满腹学识，常季很疑惑，难道世上真的有那种不必以语言传授的教育，不借助任何形式就可以让学生学有所成？这是什么人啊？孔子敬佩地说，王骀专注修身养性，从不在乎外物，是一个圣人。

守宗

出处：审乎无假而不与物迁，命物之化而守其宗也。

解说：观察着自然的规律，但不会随着外物变化而变化，对外物变化淡然处之，只保守自己的本心。"命"，应为"舍"，或认为是听命、听从之意。

鉴水

出处：人莫鉴于流水，而鉴于止水，唯止能止众止。

解说：人不会在流动的水面上照自己的影像，而是找一面静止的水面来照，能够使众多事物变得静止下来的，只有静止本身。

唯舜、幸正

出处：受命于地，唯松柏独也正，冬夏青青；受命于天，唯舜独也正，幸能正生，以正众生。

解说：受到土地赋予生命的，只有松柏能守正，保持初心不变，无论冬夏都青郁如常；受到上天赋予生命的，只有舜能守正，保持初心不变，因而能使自己的生性遵从正道，并教化众人的生性也遵从正道。一般认为这里的"唯舜独也正"有脱略，应为"唯尧舜独也正"。

鉴明、久贤

出处：鉴明则尘垢不止，止则不明也。久与贤人处则无过。

解说：申徒嘉和郑子产都师从伯昏无人，经常一起上课。郑子产是郑国的宰相，申徒嘉是个因受肉刑而没有腿的人。郑子产不愿意跟申徒嘉同出同入，便要求申徒嘉放学的时候要么先走要么后走，就是别跟他同时走。申徒嘉很不满，与郑子产辩论了一番，认为郑子产虽然拜伯昏无人为师，但并没有学习到老师的善良和贤德，其中，他便说道：镜子明亮光洁，意味着尘土污垢没有静止下来，如果尘土污垢静止了，镜子就不会明亮光洁了。和贤德的人长时间待在一起，普通人也不容易犯下过失。

和豫、才全

出处：使之和豫，通而不失于兑；使日夜无郤，而与物为春，是接而生时乎心者也。是之谓才全。

解说：让那些自然发生运行变化，其规律不知道从什么时候开始也不可能被终止的事物，比如生和死、存在与消亡、陷入绝境与畅行无阻、贫穷与富裕、贤明与愚蠢、诋毁与赞美、生命所感到的饥渴、四季寒暑的变化等，都能顺畅和谐地继续发生运行变化，让它们能够通行，不因掺杂额外因素而被产生失误；使白昼和夜晚之间没有不正常的间隙，和事物共同去经历时光岁月，当我们接触这些的时候内心会生发出与之相应的感受。这就叫作德行完备了。

德友

出处：吾与孔丘，非君臣也，德友而已矣。

解说：鲁哀公说，我和孔丘并不是君和臣的关系，而是因对德的追求和认知才成为朋友的关系啊。

〔庄子〕

【庄子】

《大宗师》

知盛

出处：知天之所为，知人之所为者，至矣。知天之所为者，天而生也；知人之所为者，以其知之所知以养其知之所不知，终其天年而不中道夭者，是知之盛也。

解说：知道自然之道如何运作，知道为人之道如何运作，这就是知识者的最高境界了。知道自然之道如何运作的，是通过观察自然运作而获取的知识；知道为人之道是如何运作的，是从自己的无知中一点点培育起来的知识，如果一个人能够一直这样培育知识，且不在年轻时就夭折的话，那么他到自然老去时，便是一个有着高深知识的人了。

有真

出处：且有真人而后有真知。

解说：而且，是先有了真人，然后才有了真正的知识。庄子所认为的"真人"，是那种智慧、体力、洞察力和精神力都远超普通人，但并不因此对普通人骄横傲慢、遵循自然规律的朴实而强大的人。

暖然

出处：凄然似秋，暖然似春，喜怒通四时，与物有宜而莫知其极。

解说：古代的真人与四季节律是同频共振的，他心态凄清时就像秋天，温暖喜悦时就像春天，他的情绪与自然界的四季转换相通，他与万物相宜而处，难以测知他包容世界的极限。

288

利泽

出处：故圣人之用兵也，亡国而不失人心；利泽施乎万世，不为爱人。

解说：所以，圣人虽然也会使用战争的手段，但他的军事手法，即使是灭亡了一个国家，也不会让这个国家的人憎恨他；他的仁德是施惠于世间一切的，是影响千秋万代的，而不是出于对某一些特定之人的爱。

礼翼

出处：以刑为体，以礼为翼，以知为时，以德为循。以刑为体者，绰乎其杀也；以礼为翼者，所以行于世也；以知为时者，不得已于事也；以德为循者，言其与有足者至于丘也，而人真以为勤行者也。

解说：古代的真人以刑法为统治手段的主体，以礼仪为统治手段的辅助，以智慧来调度统治手段的应时变化，以道德来树立统治手段的原则和标准。以刑法为统治手段的主体，是为了避免民众因社会无序而受到伤害；以礼仪为统治手段的辅助，是因为礼仪适合推行，实现教化；以智慧来调节统治手段的应时之变，是因为现实中有很多事情，如果不机智应变，就很难妥善解决；以道德来树立统治手段的原则和标准，让能够达到一定道德境界的人都有机会去达到这个境界，他们便能知道自己是有很高道德的人，这就像让有脚的人去登山，他们登上山顶时，就会知道自己的确很善于行走。

〔庄子〕

况卓、其卓、况真、其真

出处：彼特以天为父，而身犹爱之，而况其卓乎！人特以有君为愈乎己，而身犹死之，而况其真乎！

解说：人的纯真天性是上天赋予的，人对给予自己血肉之躯的生父尚且敬爱尊奉，何况是对给予了自己更高贵的天性的天呢！人都认为君主是比自己更贤能的人，对君主尚且忠心耿耿，愿意为其而死，更何况是对真正主宰了自己的天呢！

化道

出处：与其誉尧而非桀也，不如两忘而化道。

解说：与其纠结于历史上那些君主是明君还是暴君，是该赞誉还是该批判，不如把这些都忘了，把是非恩怨都用天道来化解吧。

若孺

出处：南伯子葵问乎女偊曰："子之年长矣，而色若孺子，何也？"曰："吾闻道矣。"

解说：南伯子葵问女偊："你的年纪这么大，面色却像孩童一般，这是为什么呢？"女偊说："因为我懂得了天道。"这两个人是庄子虚构的。

天小

出处：故曰："天之小人，人之君子；人之君子，天之小人也。"

解说：孔子的弟子子贡问孔子什么叫"畸人"。孔子说，畸人就是行为不符合人的规则但符合天性的人，所以，"在天看来是小人的人，在人看来就是君子；在人看来是君子的人，在天看来就是小人"。这句话的意思是，放纵天性不拘于社会规则的人，是符合天道的，但不符合人的社会标准。这些话可能是庄子杜撰的，以此否定儒家的观念。

〔庄子〕

寥天

出处：不识今之言者，其觉者乎？其梦乎？造适不及笑，献笑不及排，安排而去化，乃入于寥天一。

解说：不知道现在说话的人是醒着的，还是睡着了在做梦呢？造作地去思考，不如一笑而过，一笑而过不如将其推开，随它自便，随它自便而坦然地面对死亡，把对死亡的悲伤恐惧从自己的心中除去，这样就可以与辽阔的天地合为一体了。

《应帝王》

于淡、于漠

出处：汝游心于淡，合气于漠，顺物自然而无容私焉，而天下治矣。

解说：一个名叫天根的人游历时遇到一位叫作"无名人"的世外高人，天根向无名人请教治理天下的道理，无名人将他骂了一顿，指责他打扰自己的清虚宁静，但天根执着地一再追问，无名人便说："你把自己的心放在淡泊的境界中自由徜徉，将自己的气融入一片广漠之中，顺应事物的自然规律，不要放纵自己的私心杂念，天下便会得到很好的治理了。"

庄子

疏明

出处：阳子居见老聃，曰："有人于此，向疾强梁，物彻疏明，学道不勌（juàn）。如是者，可比明王乎？"

解说：阳子居就是战国时期道家学者杨朱，他去拜访老聃，并对老聃说道："假设有这么一个人，行动敏捷，个性强悍，善于洞察事物的本质而心胸开朗光明，学习正道孜孜不倦，这人可以比肩于古代的那些明智的圣王吗？"老聃说，这样的人对圣王来说只算是有些才智、羁绊于普通小技能、整天劳心劳神担惊受怕的小吏而已。庄子这话的意思是，表现得才智很强、很有本事的人，只是被俗事缠身的世俗意义上的强者，而真正的王者，于天下有至高的功绩，却好像什么都跟他没有关系似的，民众感觉不到他的强大，他自己也不显露强大，只隐身在虚无之中。

《马蹄》

素民

出处：夫至德之世，同与禽兽居，族与万物并，恶乎知君子小人哉！同乎无知，其德不离；同乎无欲，是谓素朴；素朴而民性得矣。

解说：在道德境界最高的那个社会里，人们与动物混杂地生活在一起，各种族与世间万物平起平坐，也不知道什么是君子、什么是小人！所有人一样没有知识，也没有背离天然的德性；同样没有贪欲，这就是所谓的色素而质朴；色素而质朴的社会，民众就能够拥有最本真的天性。

《胠箧》

圣利

出处：故曰："鱼不可脱于渊，国之利器不可以示人。"彼圣人者，天下之利器也，非所以明天下也。

解说：所以说："鱼不能跳出深水，国家安全所倚仗的精锐兵器不能随便给外人看。"那些被视为圣人的人，就是治理天下所倚仗的精锐兵器，是不能随便展示给天下人看的。

含明、含聪、含知、含德

出处：彼人含其明，则天下不铄矣；人含其聪，则天下不累矣；人含其知，则天下不惑矣；人含其德，则天下不僻矣。

解说：如果人人都能保持视力，天下就不会出现毁坏；人人都能保持听力，天下就不会出现忧患；人人都保持智力，天下就不会出现困惑；人人都保持了德性，天下就不会出现不合正道的邪僻。

《在宥》

在宥

出处：闻在宥天下，不闻治天下也。在之也者，恐天下之淫其性也；宥之也者，恐天下之迁其德也。

解说：只听说过给天下人以自在而宽容，没听说要去严格管治天下人的。之所以给予自在，是怕天下人被压制了纯真的天性，反而过度沉迷于欲望；之所以给予宽容，是怕天下人生来就有的道德被改

庄子

变了。庄子认为，让人民保持天然质朴的状态，是最有利于社会安定和发展的，所以君主应该无为，即"在宥"，而不应该做各种努力去改变这种状态。

渊默、渊雷

出处：故君子苟能无解其五藏，无擢其聪明；尸居而龙见，渊默而雷声，神动而天随，从容无为而万物炊累焉。吾又何暇治天下哉！

解说：所以，如果君子能够做到不释放其内在种种情欲，不随意动用自己的感知力和洞察力，可以像扮演接受祭祀的逝者那样不动声色；又能像飞跃盘旋的神龙一样神采焕然，沉默无语如深渊一般，发表言论时如惊雷震撼天地，一个细微的表情变化就能让天色也随之变化，行事从容，无所作为，而世间万物都可自在并遵循着内在规律地浮动，宛如炊烟游尘。这样我（指君子）又有什么必要去刻意地花时间和精力治理天下呢？

约柔、渊静

出处：人心排下而进上，上下囚杀，淖约柔乎刚强。廉刿雕琢，其热焦火，其寒凝冰。其疾俯仰之间，而再抚四海之外，其居也渊而静，其动，也县而天。偾骄而不可系者，其唯人心乎！

解说：人心总是在被排斥时沮丧，在被吹捧时亢进，无论沮丧还是亢进，都是对自我的囚禁刑杀，柔和委婉才能对抗刚硬强横。为人若过于方正，不合世俗，便显得言行生硬，尖刻伤人，热情的时候像火，冷酷的时候像冰。心情一天转换几百次，思绪这会儿还在这儿，瞬间又跑去了四海之外，静处时深沉寂静，动起来漫天飞舞。这世上最骄纵不羁的，就是人心啊！

明纯、明道

出处：不明于天者，不纯于德；不通于道者，无自而可；不明于道者，悲夫！

解说：不能明白天的，其德行便不会纯正；不能通晓道的，就没有自己能办成的事情；不明白道的人，真是可悲啊！

《天地》

化均、治一

出处：天地虽大，其化均也；万物虽多，其治一也；人卒虽众，其主君也。

解说：天地之间虽然辽阔博大，但其中的变化运转规律是均一的；天地之间的事物虽然庞杂，但治理它们的根本原则是一样的；天下百姓虽然数量众多，但主宰他们只是君主一人。

谓德、谓宽、谓纪、谓立、明十、韬沛

出处：无为为之之谓天，无为言之之谓德，爱人利物之谓仁，不同同之之谓大，行不崖异之谓宽，有万不同之谓富。故执德之谓纪，德成之谓立，循于道之谓备，不以物挫志之谓完。君子明于此十者，则韬乎其事心之大也，沛乎其为万物逝也。

解说：以无为而去为之，就叫作顺应天；以无为而去谈论，就叫作

295

有德；爱护人民、以物利民，就叫作仁爱；包容所有与自己不同的
观点和事物，就叫作博大；行为不悖逆常情，就叫作宽厚；思想中
容纳了很多不同的智识、观念，就叫作富有。所以，坚守着道德就
叫作纲纪，修德已成就叫作建立，一切行为都遵循道叫作完备，不
因外物得失而动私心杂念、损伤自己的志向，叫作完美。君子对这
十点理解透彻了，那么就会拥有极为广阔的心胸，可以装下极为伟
大的心志，就如同浩荡江河奔涌，把一切阻碍自己志向的事物都冲
刷干净。

见晓、闻和

出处：视乎冥冥，听乎无声。冥冥之中，独见晓焉；无声之
中，独闻和焉。

解说：（道）看上去幽深不明，听上去无声无响。但，就是在幽深
不明中，却能看到它的光明；就是在无声无响中，却能听到它的
回应。

谓悦、谓安

出处：四海之内共利之之谓悦，共给之之谓安。

解说：四海之内的人民都能得到好处，就会感到高兴，四海之内的
人民都能衣食丰足就会感到安心。这是庄子心目中的"德人"，也
就是道德品质很高、大公无私、愿意为世人付出努力换取天下安宁
富足的人。

（庄子）

《天道》

静明

出处：水静犹明，而况精神！圣人之心静乎，天地之鉴也，万物之镜也。

解说：水面平静下来，都可以明亮照人，更何况是人的精神呢！圣人的心静下来，能成为天地自然运行的镜像，万物发展变化的映照。

静圣、朴美、均和、和乐、天乐

出处：静而圣，动而王，无为也而尊，朴素而天下莫能与之争美。夫明白于天地之德者，此之谓大本大宗，与天和者也。所以均调天下，与人和者也。与人和者，谓之人乐；与天和者，谓之天乐。

解说：静止则成圣，运动则成王，无所作为而成为至尊，保持天然本质，纯朴无饰，但美好至极，无人可比。这便是参透了天地间最高的德行，也就是所谓的最根本、最终极，达到了与天和同的境界。如果以此来均衡治理天下，那就是达到与人和同的境界了。与人和同的境界，就称作人间欣乐；与天和同的境界，就称作天之欣乐。

同波、阳波

出处：静而与阴同德，动而与阳同波。

解说：静止时与阴阳二气之阴气具有相同的德行，跃动时与阴阳二气之阳气具有相同的节律。

庄子

古明、先明、明天

出处：是故古之明大道者，先明天而道德次之。

解说：所以，古时候那些宣明大道的人，都是先宣明天道，然后才宣明人的道德。

治至

出处：以此事上，以此畜下，以此治物，以此修身，知谋不用，必归其天，此之谓太平，治之至也。

解说：以这样的方式去效力君上，以这样的方式去管理属下，以这样的方式去治理事物，以这样的方式去修养自身，知道各种谋略但不必使用，一切都归结给上天来安排，这就是所说的太平盛世了，也是人所能达到的治理社会的最高境界。庄子所说的"这样的方式"，是指明确了各种规范之后，把人与事安排在各自合适的位置上任其自由发展。

广容

出处：夫道，于大不终，于小不遗，故万物备。广广乎其无不容也，渊渊乎其不可测也。

解说：道，它的"广大"没有极限，它的"细小"没有疏漏，所以它包含了所有的事物。它广阔而又广阔，无所不容，幽深而又幽深，深不可测。

《天运》

挥绰

出处：其声挥绰，其名高明。是故鬼神守其幽，日月星辰行其纪。

解说：那音律悠扬宽绰，那曲调为高明之乐。正是因为这音乐的神力，鬼神才安分地驻留在神灵世界，日月星辰都依照轨迹运行。这是指传说中黄帝所作的《咸池》之乐，是上古圣王用来统摄天地的圣乐。

与化、安化

出处：不与化为人，安能化人！

解说：我没有和人们一起去感悟化育内心，又怎么能去感悟化育人们呢！这是庄子所记述的孔子说的话。

《刻意》

美从

出处：若夫不刻意而高，无仁义而修，无功名而治，无江海而闲，不道引而寿，无不忘也，无不有也，澹然无极而众美从之。此天地之道，圣人之德也。

解说：如果不着力雕琢磨砺，而能使身心高洁，不去故作仁义，而能获得个人修为，不去做那些现实功利之事，而能实现良好的治理，不隐逸于远离权力中心的地方，而能保持闲适的状态，不练习

【庄子】

那些养生之术，而能长寿，一切都忘之于身外，一切又都拥有于怀，为人之淡泊，无边无涯无所局限，但世间所有的美好都会自然地跟随在身畔。这就是天地运行的正道，是圣人所具备的美德。

易恬

出处：故曰：圣人休休焉则平易矣。平易则恬淡矣。平易恬淡，则忧患不能入，邪气不能袭，故其德全而神不亏。

解说：所以说：圣人会保持静息的状态，保持了静息状态就会达到心灵的平静了。平静下来，身心都会安宁冲淡。实现了身心的平静、安宁、冲淡，忧愁焦虑都无从侵入，致病的邪气也无从侵袭，所以能够使德行守全，精神无损。

素纯、体纯、体素

出处：故素也者，谓其无所与杂也；纯也者，谓其不亏其神也。能体纯素，谓之真人。

解说：所以，所谓的素，就是说没有混杂其他东西；所谓的纯，就是说其精神没有损耗。能够体悟到纯与素的要义的，就是我们所说的"真人"。

《缮性》

深宁、宁存

出处：当时命而大行乎天下，则反一无迹；不当时命而大穷乎天下，则深根宁极而待；此存身之道也。

解说：正当时运与天命，可以畅通地将自己的主张推行于天下时，便归依天道这一至高之道，与天道同行，故能不露自己的痕迹；错失了时运和天命，在现实社会遇到了难以抗拒的阻力，陷入绝境时，就将自己像大树的根系那样深埋起来，在最为宁静的状态里默默地等待时来运转；这就是保存自己的方式和道理。

乐全

出处：乐全之谓得志。

解说：能够做到快乐地保全自己的天性，就可以称为"实现了自我的志愿"。

《秋水》

语海、语冰、语道

出处：井蛙不可以语于海者，拘于虚也；夏虫不可以语于冰者，笃于时也；曲士不可以语于道者，束于教也。

解说：和生活在井里的蛙，没办法解释什么是大海，因为它的认知受到了所处空间的限制；和生存于夏季的虫子，没办法解释什么是冰，因为它的眼界被所处时间困住了；和孤陋寡闻的人，没办法解释什么是道，他的思维被他所受的那种狭隘的教育约束了。

小石、小木

出处：吾在于天地之间，犹小石小木之在大山也，方存乎见少，又奚以自多！

〔庄子〕

解说：我一身之躯，在广阔的天地间，就像一块小石子、一棵小树苗在苍茫大山中一样，我的存在是如此之渺小，又怎么能自以为大！

意致

出处：可以言论者，物之粗也；可以意致者，物之精也；言之所不能论，意之所不能察致者，不期精粗焉。

解说：用语言就可以表述的，是事物粗浅的表层；用意识才能传达的，是事物精细的内在；用语言没法谈论，用意识也没法传达的，那就属于无法用粗浅和精细来限定的事物属性了。

兼怀、承翼

出处：兼怀万物，其孰承翼？是谓无方。

解说：（道）同时包容着世间所有事物，谁能说自己是得到其偏爱的呢？这就是所谓的无偏无私。

若驰

出处：物之生也，若骤若驰，无动而不变，无时而不移。

解说：事物的生发，就像骑马狂奔疾驰，每一次运动都会带来变化，每一个时刻都会发生移转。

知达、明权

出处：知道者必达于理，达于理者必明于权。

解说：明了天地之道的人，一定是通达事理的，通达事理的人，一定是懂得遇事灵活掌握权变的。

《至乐》

清宁

出处：天无为以之清，地无为以之宁，故两无为相合，万物皆化生。

解说：天无所作为而能清虚，地无所作为而能安宁，所以天地两者的无所作为合为一体，世间的万物便从中变化生成了。

名实、义适、达福、福持

出处：鱼处水而生，人处水而死。彼必相与异，其好恶故异也，故先圣不一其能，不同其事。名止于实，义设于适，是之谓条达而福持。

解说：鱼在水中能活，人在水中会死。彼此性理不同，所喜所恶也会不同，所以古代的圣人不会对不同的人和事不加分辨地一概而论。名称符合实质，仪容没有超出范围，这就是所说的条理通达而福气常持。

于机

出处：羊奚比乎不箰（sǔn），久竹生青宁；青宁生程，程生马，马生人，人又反入于机。万物皆出于机，皆入于机。

解说：羊奚（竹菰）附生于不长笋的竹根，老竹的竹根生出了虫；竹根虫化生出豹子，豹子化生出马，马化生出人，人最终又返归于自然。万物都是从自然中生出，又都返归自然。

【庄子】

《达生》

唯蜩（tiáo）

出处：虽天地之大，万物之多，而唯蜩翼之知。吾不反不侧，不以万物易蜩之翼，何为而不得！

解说：即使天地之间那么辽阔，世间事物数量那么多，但我能够感知到的只有蝉的翅膀。我不会左看右看，想这想那，不让任何东西打扰我对蝉翅膀的关注，这样怎么会抓不住蝉呢？这里说的是，孔子在楚国遇到一位善于用竹竿粘蝉的老人，孔子问他诀窍何在，他说诀窍就是把全部的注意力集中于树上的蝉。

忘水、见舟、渊若、若陵

出处：善游者数能，忘水也；若乃夫没人之未尝见舟而便操之也，彼视渊若陵，视舟之覆犹其车却也。

解说：善于游泳的人几次就能学会行船，是因为他们会自然地忘记自己在水中；就像那个潜水的人，他就算没见过船，也可以上手操控船，他把江河湖海看作山陵，船翻覆了对他来说也不是可怕的事，无非就是在山路上车子退后了几步罢了。

牧然

出处：善养生者，若牧羊然，视其后者而鞭之。

解说：善于养生的人，就像牧羊人对待羊群一样，看哪个部分状态落后，就鞭挞使之快步前行，与整体平齐。这句话的意思是，养生的目的是长寿，如果只养好了身体，却不注重安全，则健康的身体可能毁于外部的危险，而注重安全的人虽不会发生意外，身体不健康，疾病也会乘虚而入，同样长寿无望。

忘适

出处：始乎适而未尝不适者，忘适之适也。

解说：那种一开始就感到适宜而从没有感觉到有什么不适宜的，那就是不去刻意地寻求适宜却实现了自身与外界的相适宜。忘适的意思就是忘记了需要去适宜什么，这样反而很适宜、很自在。

《山木》

虚游

出处：人能虚己以游世，其孰能害之！

解说：一个人如果能把自己的心完全放空，毫无负担、坦荡地去面对天下人，那谁还能损害到他呢！

既琢、归朴

出处：既雕既琢，复归于朴。

解说：事物经过了雕琢之后，还是要回到最初纯朴天然的状态。

木声、犁然

出处：孔子穷于陈蔡之间，七日不火食，左据槁木，右击槁枝，而歌焱（biāo）氏之风，有其具而无其数，有其声而无宫角，木声与人声，犁然有当于人之心。

解说：孔子周游列国，被困在陈蔡之间，七天没有开火，吃不上饭，他左手扶着枯树，右手敲打枯枝，唱起了古代焱（"焱"通"焱"）氏族的民歌——焱氏族是神农炎帝的氏族，这个氏族擅长农耕——孔子虽然用枯枝打节拍，但并不准确，虽然唱出了声，但没有曲调可言，这枯木声和人声交杂在一起，震动人心。

亦天、圣晏、晏然

出处：有人，天也；有天，亦天也。人之不能有天，性也。圣人晏然体逝而终矣。

解说：庄子记述的孔子在回答颜回"什么是人和天同一"这个问题时说，人的存在，是自然决定的；自然的存在，也是自然决定的。人的存在对自然没有影响，这是自然之本质决定的。所以圣人对待一切都抱着平静安详的态度，过去了就过去了，随它去。另外，后两句也可以理解为人的生命不能像自然那样生生不息，这是人的属性决定的，所以圣人安然地看待死亡，随着身体的逝去，生命就终结了。

清渊

出处：吾守形而忘身，观于浊水而迷于清渊。

解说：我守望着外物的形体，却忘了关注自己的处境，忙着观赏浑浊的流水，却迷失在清澈的深水中。

行贤

出处：行贤而去自贤之行，安往而不爱哉！

解说：阳子在宋国遇到一个旅店老板，这老板有一美一丑两个妾，但老板喜欢丑的那个，不喜欢美的那个。阳子问他为何如此，老板说："美的那个觉得自己很美，但我却不觉得她有她自己说得那么美；丑的那个觉得自己很丑，但我也不觉得她有她自己说得那么丑。"也就是说，旅店老板对两个妾的外表的看法，受到了她们对自己认知的影响，产生了反效果，导致他更喜爱那个并不虚伪掩饰自己丑貌的妾，不喜欢那个自矜美貌、浮夸矫饰的妾。于是阳子对弟子们说：你们记住，有贤能的行为，但不以贤者自居，这样谦逊朴实的人，怎么会不到处受到人们的敬爱呢！

《田子方》

清容、正容

出处：其为人也真，人貌而天，虚缘而葆真，清而容物。物无道，正容以悟之，使人之意也消。

解说：田子方对魏文侯介绍自己的老师东郭顺子时说，东郭顺子做人真诚，虽长着凡俗之人的外表，却有纯自然的性情，对外物虚心顺应，只在乎保全纯真的内在，心思清明洞察，却能包容各种事物，不去纠结。如果外界有什么不符合正道，那就以自己严正的仪态去展现正道，使事获得纠正，使人打消自己的邪念。

振我

出处：往也蕲见我，今也又蕲见我，是必有以振我也。

解说：温伯雪子往返于齐国途中两次在鲁国住宿，有一个人两次都来求见，第一次温伯雪子拒绝了，第二次那人又来，温伯雪子便说："之前他就想见我，现在又想见我，那一定是有什么大道理想要教导我了。"终于还是见了这个人。

【庄子】

故吾

出处：虽忘乎故吾，吾有不忘者存。

解说：虽然把过去的那个陈旧的我忘记了，但我还是留存了一些东西的。

游初

出处：老聃曰："吾游心于物之初。"

解说：老聃说："我的心神巡游于万物生发那最初的时候。"

佩玦

出处：庄子曰："周闻之，儒者冠圜冠者，知天时；履句屦者，知地形；缓佩玦者，事至而断。君子有其道者，未必为其服也；为其服者，未必知其道也。"

解说：庄子对鲁哀公说："鲁国的儒者很少。"鲁哀公不解地说："鲁国全国的人都穿儒服，你怎么能说儒者少呢？"庄子说："我庄周听说，儒者头戴圆形帽子的，是懂天文历法的；穿方头鞋子的，是懂地形地理的；腰间佩戴玉玦的，是遇到事情能够决断的。但是真正懂这些学问的人，不一定会穿着这样的衣服，穿着这样衣服的人，不一定懂这些学问。"他让鲁哀公下令，不懂学问而穿儒服的人要判死罪，果然没有人再敢穿儒服了。只有一个人还穿着，鲁哀公叫他来一问，确实学问很大。庄子说："可见鲁国就这么一个儒者，能叫多吗？"

非我

出处：吾以其来不可却也，其去不可止也，吾以为得失之非我也，而无忧色而已矣。

解说：孙叔敖三次出任楚国令尹又三次被罢免，别人问他为什么与众不同，当官了也没有很高兴，被罢官了也没有很难过，孙叔敖说，我也不是有比别人更高明的地方，只是觉得官职来了我推不掉，被罢免了我也留不住，在我看来，这种事情上得与失都不是我自己能控制的，所以我也不会因得而复失满面愁容，仅此而已。

方顾

出处：方将踌躇，方将四顾，何暇至乎人贵人贱哉！

解说：孙叔敖还说，我自己还在茫然四顾，不知道这些事情到底是怎么回事，哪里有闲暇去管别人是羡慕我富贵还是耻笑我贫贱呢！

己愈

出处：若然者，其神经乎大山而无介，入乎渊泉而不濡，处卑细而不惫，充满天地，既以与人己愈有。

解说：孔子听说了孙叔敖说的这些话，非常赞叹，说："像这样的人，他的精神穿过高山时也不会受到阻碍，潜入深水中也不会被侵浸，即使卑微如细末无人看见，他也不会垂头丧气，而一旦显耀高扬，其气运把天地间都塞满了，他便会把所拥有的送给别人，用这种方式来使自己更强大。"

庄子

【庄子】

《知北游》

言知

出处：夫知者不言，言者不知，故圣人行不言之教。

解说：真正懂得的人不会说，随口就说的人并不真正懂得，所以圣人所施行的是不需要语言表达的教化。

明法、成理

出处：天地有大美而不言，四时有明法而不议，万物有成理而不说。圣人者，原天地之美而达万物之理，是故至人无为，大圣不作，观于天地之谓也。

解说：自然具有涵育承载一切生命的至高美德，但自然不会诉诸语言表达，四季具有推动生命轮回的明确法度，但四季也从不把这些法度拿出来议论，万物各有自己成就的道理，但万物都不解说自己成就的道理。圣人就是探究自然美德通晓万物成就之理的人，所以达到了智慧巅峰的人是什么都不会做的，也就是说，最伟大的圣人无所作为，只需要观察天地自然的规律。

德美、瞳新

出处：德将为汝美，道将为汝居，汝瞳焉如新生之犊而无求其故！

解说：一个叫齧缺的人向被衣请教修道，被衣说，你需要端正形体，集中目光，收敛心智，统一思绪，这样，德行将为你显示其美好，天地之道将为你而停留于心中，你的眼睛看起来就像新生的小牛那样宁静无邪，不再去到处索求了！

直人

出处：中国有人焉，非阴非阳，处于天地之间，直且为人，将反于宗。

解说：中原大地上有个神奇的人，此人的属性不能用阴或者阳来界定，他身处于天和地之间，姑且有个人的外表，最终还是要返回其本质的。庄子所谓的这个"人"，指的是"人"这个概念，人短暂地存在于天地之间，不需要被赋予各种属性的界定，人生于自然，终是要回归融入自然的。

若默

出处：明见无值，辩不若默。

解说：明晃晃谁都可以议论几句的道理是没有价值的，辩论不如沉默。

若塞

出处：道不可闻，闻不若塞，此之谓大得。

解说：正道是不可能随便就能听见的，去探听不如什么都不要听，这就叫作大有所得，真正理解了天地之正道。

弗知

出处：弗知乃知乎！知乃不知乎！孰知不知之知？

解说：什么都不知道就是知道！知道就是不知道！谁能知道无法知道的知道呢？

〔庄子〕

而非

出处：道不可闻，闻而非也；道不可见，见而非也；道不可言，言而非也。

解说：天地之正道是不可听闻的，听闻到的都是错的；天地之正道是不可看见的，看见的都是错的；天地之正道是不可以被言说的，被言说的是错的。

宇初、大初

出处：无问问之，是问穷也；无应应之，是无内也。以无内待问穷，若是者，外不观乎宇宙，内不知乎大初，是以不过乎昆仑，不游乎大虚。

解说：（关于道）没有什么能问的，而非要问，那就好像在一个死胡同里问路，问也是白问；没有什么能回应的，而非要回应，那也只是回应了一些无意义的话。用无意义的话去回答白问，这样的人，既不能观察到外在广阔的宇宙，也不能了解内在人性的起源，所以他的眼界一定是狭隘的，见识不到昆仑神境，更不用说昆仑之外的清虚之境了。从哲学思想上说，庄子心目中的昆仑象征超出世俗的境界，大虚则是更为深远、普通人难以理解的境界。

《庚桑楚》

侗然、侗来

出处：夫至人者，相与交食乎地而交乐乎天，不以人物利害相撄（yīng），不相与为怪，不相与为谋，不相与为事，翛然而往，侗然而来。

解说：有着至高智慧的人，在天地之间与人们一起饮食，一起玩乐，但他从不与其他人发生利害纠葛，不相互抵触，也不相互勾结，更不合作谋求什么，他总是超然一身来了又走，自由自在，无拘无碍。

宇泰、宇光、泰定

出处：宇泰定者，发乎天光。

解说：心境安泰而静定的人，就会自然而然地散发出智慧的辉光。

庸光、有光

出处：行乎无名者，唯庸有光；志乎期费者，唯贾人也，人见其跂，犹之魁然。

解说：行事不留名声的人，看起来很朴实平凡，但其散发着光芒，足以使其被人看到；那些兴趣志向在于追求物欲的人，只不过是些拿自己做买卖的人罢了，别人都可以看到他们拼命踮着脚尖，而他们却自以为高大。

工拙

出处：圣人工乎天而拙乎人。

解说：圣人善于理解和顺应自然的规律，但对理解和顺应人性却不那么擅长。

〔庄子〕

【庄子】

《徐无鬼》

成材、超轶

出处：天下马有成材，若恤若失，若丧其一，若是者，超轶绝尘，不知其所。

解说：徐无鬼对魏武侯说起自己会相马，而最好的马不是国都中可见的马，而是更遥远的地方的一种马，即天下马。他说天下有一种马，生下来就是可用之材，无须驯教，它有时看似宁静，有时看似落寞，有时看似忘却了自我的存在，像这样的马，一跑起来便会把其他马远远甩下，谁也追不上它，找不到它。

小童、知山、知存

出处：黄帝曰："异哉小童！非徒知具茨之山，又知大隗之所存。请问为天下。"

解说：黄帝要去具茨之山拜见一位叫作大隗的神，到襄城之野时，车马都迷路了，路边正好有一个牧马的孩子，黄帝便问这孩子是否知道具茨之山和大隗，孩子说他知道，黄帝便惊叹说："神奇啊孩子！不但知道具茨之山，还知道那里有大隗神，我想向你请教如何治理天下。"牧马的孩子告诉黄帝，治理天下和牧马一样，把对马有害的事情去除掉就行了。

善博

出处：故足之于地也践，虽践，恃其所不蹍而后善博也；人之知也少，虽少，恃其所不知而后知天之所谓也。

解说：所以，把脚放在地上叫作踩，虽然人是踩着地面走路的，但实际上只有依靠地面上并没有踩到的那些地方，才能把路越走越宽；人知道的事理是很少的，虽然知道的很少，但正是要依靠那些不知道的部分，才能知道天道是怎么样的。

〔庄子〕

《则阳》

冬江、夏樊

出处：冬则擉（chuò）鳖于江，夏则休乎山樊。有过而问者，曰："此予宅也。"

解说：冬天在江水中用鱼叉戳鳖，夏天则在筑着篱笆的山间园圃中休养生息。有人去拜访他，问他为什么住在这里，他就说："这就是我的居舍。"这句话说的是隐士公阅休，此人淡泊于功名利禄，顺应自然，是个明智而贤德的人。

登恒

出处：汤得其司御门尹登恒，为之傅之，从师而不囿。

解说：商汤曾得到过一个有才能的人，此人姓门尹氏，名登恒，担任司御一职，商汤让这个普通官员做自己的老师，但并不将教学局限在课堂上。或说，并不受老师所讲授的知识的局限。

福淳、拂宜

出处：时有终始，世有变化，祸福淳淳，至有所拂者而有所宜。

解说：时间有终结也有开端，世事有变迁也有转化，灾祸和福运会流转不停，当违背愿望的事情发生时，也就将会有顺应愿望的事情发生了。

可纪、可志

出处：安危相易，祸福相生，缓急相摩，聚散以成。此名实之可纪，精之可志也。

解说：安泰与危机会互相转化，灾祸和福运会互相依存，和缓的局势与紧急的态势彼此相连，聚合和分散各自发生影响。其中的名分与实质都是可以记录的，精微之处也是可以记载的。

非言、非默

出处：道，物之极，言默不足以载。非言非默，议有所极。

解说：道，是事物的终极之理，无论是话语还是沉默，都是没有办法去表述它的。用既不是话语也不是沉默的表达，那才是探讨哲理的最佳方式。

《外物》

任鱼

出处：任公子得若鱼，离而腊之，自制河以东，苍梧以北，莫不厌若鱼者。

解说：一位被称为任公子的人做了一套非常大的渔具，蹲在会稽山上守着东海钓了一年，终于得到了一条大鱼，他把鱼分割后做成鱼肉干，浙河以东、苍梧山以北那么大一片地方的人，个个都吃这鱼吃到饱。后来很多人羡慕任公子，纷纷也去钓鱼，但他们只拿着小钓竿去小河沟，根本就不可能钓到这样的大鱼。

自善

出处：去小知而大知明，去善而自善矣。

解说：摒弃掉小聪明，大智慧才会显露出来，离那些刻意为之的"善"远一点，才能自然而然地行善。

能游、承意

出处：唯至人乃能游于世而不僻，顺人而不失己。彼教不学，承意不彼。

解说：只有具备了最高智慧的人才能做到在浑浊俗世中游走而不入歪道，他表面上会顺着世人所说所行，但内在也不会失去自我。他不会接受世俗思想的教育，只承接自己的心意，不理睬世俗观念。

静然

出处：静然可以补病，眦㦜（miè）可以休老，宁可以止遽。

解说：沉静不语可以补养病体，用手按眼眶可以减缓面容的衰老，保持心境的安宁可以阻止急躁。在庄子看来，因为忙碌于各种事务的人容易疲惫，所以需要做这些安神修身的事，心态超逸于尘世的人比沉湎于劳碌的人更具有智慧，所以他们不需要安神修神，也不会去谈论打听这些。

意言

出处：言者所以在意，得意而忘言。

庄子

解说：说话的目的在于表达意思，如果意思不需话语就得到了表达，那么话语就会被人们所忘记了。

《寓言》

因曼

出处：卮言日出，和以天倪，因以曼衍，所以穷年。

解说：庄子把人的话语（指立论、论述的学者之语，而不是日常语言）分为寓言、重言和卮言三种，寓言就是自己不便说而寄托在别人嘴里说出去的话，或者假托别人说的话；重言就是老一代人说过、自己又说的话，也有人解释为郑重说出的话；卮言就是日常研讨时说的话，卮是古代一种酒器，酒器满了便空，空了又斟满，所以有人认为卮言是指随着外界变化而变化，想到哪儿说到哪儿的话。这种话语就像自然界的事物一样，是由自然规律调节的，所以顺应自然规律调和繁衍，无穷无尽。

言齐

出处：不言则齐，齐与言不齐，言与齐不齐也，故曰无言。

解说：不说话就会保持一致了，但这种保持一致与话语又不一致了，话语和保持一致是不能保持一致的，所以说，没有话语。这段话大致是说，表达语言是为了阐释万物，而表达的语言要与万物一致，只有不表达语言才能实现，所以表达语言的目的，实际上就是不表达语言。庄子生存于一个所有学派都在急切发声的时代，他的这些关于语言的观点也都是源于这个时代的现状。

自可、自然

出处：有自也而可，有自也而不可；有自也而然，有自也而不然。

解说：事物有自然就可以的，有自然就不可以的；有自然就对的，有自然就不对的。

所然、所可

出处：物固有所然，物固有所可，无物不然，无物不可。

解说：事物总有它对的方面，也总有可以的方面，总的来说没有事物是不对的，没有事物是不可以的。庄子在这里表达的是，不能用绝对的眼光去判断事物，每个事物都有通过语言表述为正确的角度，人只有理解了事物的这个属性，才可以说是具备了最高的智慧。

若环、莫伦

出处：万物皆种也，以不同形相禅，始卒若环，莫得其伦，是谓天均。

解说：世间万物虽然变化多端，其本原都是同一个，以各种不一样的形式彼此生化，开始和结束互为循环，事物都是自行转换，从外部无法找到头绪，这就是所说的自然规律。

〔庄子〕

〔庄子〕

《让王》

歌商

出处：曳縰（xǐ）而歌《商颂》，声满天地，若出金石。

解说：孔子的弟子曾子住在卫国，生活困顿，衣衫褴褛，食不果腹，但他拖着足跟高声唱《商颂》时，声音响亮仿佛充盈了天地，就像金石撞击的声响一样铿锵有力。

知茂

出处：故内省而不疚于道，临难而不失其德，大寒既至，霜雪既降，吾是以知松柏之茂也。

解说：孔子被困在陈蔡之间时，因缺粮而挨饿，他弹琴自娱，弟子们质疑他四处碰壁却一点也不感到羞辱。孔子对弟子们说：君子找到了正确的道才叫亨通，找不到正确的道才叫绝境，我为了实现仁义之道而遭遇了这种乱世的忧患，这也不是我所持有的道不正确造成的，怎么能叫穷途末路呢？所以说，我自我反省后认识到我并不是因为找不到正确的道才遇到了绝境，所以我面对绝境之难便不会失去我的美德，正如严寒到来，大雪落下，在这样的残酷天气里我才能真正领略到松柏的坚强茂盛。

《盗跖》

悦志

出处：不能说其志意，养其寿命者，皆非通道者也。

解说："说"通"悦"。盗跖是著名君子柳下惠的弟弟，但他和其兄长完全不同，是个率众作乱的大盗。孔子与柳下惠是好朋友，他想劝盗跖不要再做盗贼，结果反而被盗跖痛斥了一番，盗跖对孔子说，人生时间有限，在短暂的人生中，不能愉悦舒展自己的心意以使寿命延长的人，都不算是通晓了天地正道的人。《庄子》里的这段故事，依然是在凸显道家思想与儒家思想的不同。

恬愉、恬安

出处：惨怛之疾，恬愉之安，不监于体；怵惕之恐，欣欢之喜，不监于心；知为为而不知所以为，是以贵为天子，富有天下，而不免于患也。

解说：无足与知和讨论名利和智慧究竟哪个对人的养生更有利。无足认为功名富贵让人生活得称心如意，对长寿更有利，而知和认为智慧使人知道如何趋利避害，对长寿更有利。讨论中，知和说，悲痛所造成的疾患，快乐所带来的安适，身体没有去感受；惊惧带来的恐慌，欢悦带来的欣喜，内心没有去感受；知道自己要做什么，在做什么，但不知道为什么要做，这样的话，即使如天子之尊贵，拥天下之富足，也是避免不了忧患的。

《说剑》

燕溪、为锋、为锷

出处：天子之剑，以燕溪石城为锋，齐岱为锷，晋魏为脊，周宋为镡，韩魏为铗。

321

解说：庄子与赵文王谈到他有"天子剑""诸侯剑"和"庶人剑"三种剑，其中，天子剑以燕溪石城山为剑锋，以齐国的泰山为剑刃，以晋国和魏国为剑脊，以周朝王都和宋国为剑鼻，以韩国和魏国为剑柄。

忠镡（xín）

出处：诸侯之剑，以知勇士为锋，以清廉士为锷，以贤良士为脊，以忠圣士为镡，以豪桀士为铗。

解说：庄子又说，诸侯剑以有勇有谋之士为剑锋，以清正廉明之士为剑刃，以贤德善良之士为剑脊，以忠诚圣洁之士为剑鼻，以豪强英杰之士为剑柄。

《渔父》

谨修、谨真、守真

出处：谨修而身，慎守其真，还以物与人，则无所累矣。

解说：庄子借孔子与一位老者的交谈，指出人应该谨慎地修正自身，坚守住一个叫作"真"的东西，将"真"返还给万物与人，这样就不会受到各种痛苦的烦扰了。

贵真

出处：真在内者，神动于外，是所以贵真也。

解说：有真情实感蕴含在内心的人，就会从表情神态流露出来，这就是为什么"真"是可贵的。

孝贞

出处：其用于人理也，事亲则慈孝，事君则忠贞，饮酒则欢乐，处丧则悲哀。

解说："真在内者，神动于外"的原理运用在人际关系的道理上，那就表现为服侍双亲时真心地爱和孝顺，服务君上时真心地忠诚贞洁，宴饮喝酒时真心地欢喜快乐，为亲朋服丧时真心地悲痛哀愁。

以适、功美

出处：忠贞以功为主，饮酒以乐为主，处丧以哀为主，事亲以适为主。功成之美，无一其迹矣；事亲以适，不论所以矣；饮酒以乐，不选其具矣；处丧以哀，无问其礼矣。

解说：忠诚贞洁的主要表现是建立功业，宴饮喝酒的主要表现是快乐，为亲朋服丧的主要表现是悲哀，服侍双亲的主要表现是让双亲感到安然适意。成就了功业的美好，就不需要去考究立功的行迹；让双亲感到安然适意，就不需要去追问是凭借了什么；宴饮喝酒感到快乐，就无所谓选用了什么酒具；服丧中悲痛不止，就不必去询问这是什么礼仪。

圣真

出处：礼者，世俗之所为也；真者，所以受于天也，自然不可易也。故圣人法天贵真，不拘于俗。

解说：礼仪，是世俗所炮制的；真情，是由上天形成的，自然而然无法改变。所以圣人效法自然以真情为贵，不受世俗礼法的约束。

〔庄子〕

《列御寇》

知言

出处：知道易，勿言难。知而不言，所以之天也；知而言之，所以之人也。古之人，天而不人。

解说：懂得天地之道相对而言是容易的，懂得了道却不说出来更难做到。懂得而不去言说，那思想深度就和天一样了；懂得而试图向他人言说，那思想深度就是人可以达到的了。古时候的那些圣人，都是有着天一般高深的思想，深刻而无迹可寻，远超于普通人群的。

知宁

出处：悲哉乎！汝为知在毫毛，而不知大宁！

解说：可悲啊！你把智识用在了那些毫毛一样微小的事上，却不去了解那广阔的安宁！

知慧

出处：知慧外通，勇动多怨，仁义多责。

解说：智识聪慧则多通世事，勇猛能动则多遭怨恨，仁爱而讲道义则多担责任。"知慧外通"的"外"字疑似"多"字之误。

达生

出处：达生之情者傀，达于知者肖；达大命者随，达小命者遭。

解说：通达人生种种情境的人很伟大，通达知识的人善于效仿；通达宏大命运的人随遇而安，通达个体小我之命运的人，总会有一些让他觉得困厄的遭遇。这几句话的意思是，人生的境遇与心态有很大的关系，心怀大局的人，即使遇到不好的事，也想得很通透，不会觉得痛苦，但过度关注和思考个人命运的人，就会对人生的挫折很敏感。

〔庄子〕

《天下》

原一

出处：圣有所生，王有所成，皆原于一。

解说：圣人之所以会出现于世，圣王之所以会成就功业，都是源于天地正道的力量。

宗天

出处：不离于宗，谓之天人。不离于精，谓之神人。不离于真，谓之至人。

解说：时刻遵守着天地正道的人，可称为如同天一样高深的人。时刻遵守着天地正道的精要的人，可称为具有神通超凡脱俗之人。时刻遵守着天地正道之本真的人，可称为有至高智慧之人。

天宗、德本、兆化

出处：以天为宗，以德为本，以道为门，兆于变化，谓之圣人。

解说：以宇宙自然为宗主，以道德为根本，以天地正道为入口，从各种现象中察觉变化的先兆，这样的人可称为圣明之人。

仁恩、义理、乐和、薰慈

出处：以仁为恩，以义为理，以礼为行，以乐为和，薰然慈仁，谓之君子。

解说：以仁爱为赐予他人的恩惠，以道义为处世的法理，以礼仪为日常的行为，以音乐为调和身心之法，仪态温和，内心充满慈爱，这样的人可称为君子。

谓墨

出处：使后世之墨者，多以裘褐为衣，以跂蹻为服，日夜不休，以自苦为极，曰："不能如此，非禹之道也，不足谓墨。"

解说：上古圣王大禹为天下操劳，风里来雨里去，非常辛苦，后世的墨家学者以大禹为榜样，穿生皮粗布衣服和木头、葛草鞋子，日夜劳作，让自己极度受苦，以此作为修行，并且说："不能做到这样的，就不符合圣王大禹之道，也不配被称为墨者。"庄子对当时的墨家学说有所不满，认为墨者的主张只是追求形式上的苦修，却没有实际上的意义和价值。他尊敬墨子的人品，但不赞成他的思想。

羽旋

出处：推而后行，曳而后往，若飘风之还，若羽之旋，若磨石之隧，全而无非，动静无过，未尝有罪。

解说：被推动才行走，被拉着才前去，像旋风一样回转，像羽毛在风中盘旋，像磨盘一样转动，做任何事都没有错误可言，无论做还是不做都没有过错，没有罪过。这是庄子在描述战国时期哲学家慎到、彭蒙、田骈等人的"齐物论"思想，即万物均一平齐，没有所谓是非对错，无感无知无非无过的自然状态是最好的。

庄语

出处：以天下为沈浊，不可与庄语，以卮言为曼衍，以重言为真，以寓言为广。

解说：（庄子）认为天下是沉淀着浑浊的，难以用庄重的语言去谈论，所以用卮言去推演，用重言去讲述现实，用寓言去推广真理。

瑰玮

出处：其书虽瑰玮，而连犿（fān）无伤也。

解说：他（庄子）的书虽然像玉石般坚硬，但言辞委婉，对人不会造成冲击伤害。

（七）《列子》起名实例

自智	自力	始素	志一	和至	自宽	歌穗	静虚	渊泉	若均
常丰	修一	弗易	在己	静镜	冠裳	商南	叩羽	徵蕤	效娥
志登	峨若	洋若	易悟	默成	平宁	智存	存我	至至	将和
将随	知贤								

《天瑞》

自智、自力

出处：故生物者不生，化物者不化。自生自化，自形自色，自智自力，自消自息。

解说：所以，生出万物的那个事物本身是不从别的事物中生出的，让万物发生各种变化的那个事物本身也是不会因为别的事物而产生变化的。可见，出生和变化都是自然发生的事，万物呈现各自的外观和形态也是自然而然的，它们自然而然地有了智慧和力量，自然而然地增长和消亡。

始素

出处：昔者圣人因阴阳以统天地，夫有形者生于无形，则天地安从生？故曰：有太易，有太初，有太始，有太素。

解说：从前，圣人顺应阴阳的互相转化来统摄天地，于是有形态的事物便从无形态的事物中产生，那么，天地是从哪里产生的呢？所以说：最开始有的是空虚一片不存在任何事物的太易，然后有了元气形成的太初，再后来有了从元气中诞生各种形体的太始，再然后有了依托各种形体而产生不同本质的太素。这就是道家对宇宙形成过程的朴素观念。

志一、和至

出处：其在婴孩，气专志一，和之至也；物不伤焉，德莫加焉。

解说：人在婴幼儿时期，气息和心志是专一的，极其和顺；外物不会对其造成扰乱和损伤，其德行饱满至极，无可添加了。

自宽

出处：孔子曰："善乎！能自宽者也。"

解说：孔子说："太好了！能够自我宽慰、遇事不钻牛角尖，真是太好了。"

歌穗

出处：林类年且百岁，底春被裘，拾遗穗于故畦，并歌并进。

解说：孔子在卫国遇到一位名叫林类的隐士，此人年已百岁，无儿无女，在暖和的春天还披着毛皮衣，在田间拾穗，边走边唱，十分快乐。

静虚

出处：非其名也，莫如静，莫如虚。静也虚也，得其居矣；取也与也，失其所矣。

解说：事物的名称并不重要，论本质而言，没有比静和虚更好的。做到静和虚，那便像是找到了正当的位置，可以安居下来；如果总是去争取，去附和，那就像失去了正当的位置，无处可栖居了。

《黄帝》

渊泉

出处：列姑射山在海河洲中，山上有神人焉，吸风饮露，不食五谷；心如渊泉，形如处女。

解说：列姑射山在海河洲的中央，山上居住着一位天神，以风和露

330

水为饮食，不吃五谷杂粮；心像深渊一般清虚宁静，形貌像贞纯柔和的处女。

若均、常丰

出处：阴阳常调，日月常明，四时常若，风雨常均，字育常时，年谷常丰；而土无札伤，人无夭恶，物无疵厉，鬼无灵响焉。

解说：（列姑射山）阴阳运转恒常地调和，日月光芒恒常地明亮，四季轮回恒常地平顺，风雨分配恒常地均衡，人口繁衍恒常地合乎时令，一年一度的庄稼恒常地丰产；而且这片土地上没有瘟疫害命，人民都能长寿，财物不受灾害损毁，妖魔鬼怪也无法作祟。

《仲尼》

修一

出处：修一身，任穷达，知去来之非我，亡变乱于心虑，尔之所谓乐天知命之无忧也。

解说：孔子问颜回为什么这么快乐，颜回说是因为听了孔子的话，顺应天命，所以很快乐。孔子感叹地说：那我以前跟你说的话是错的，现在我要跟你说的才是对的——修养自己一个人的生性，听任命运或困窘或发达，知道过去未来的种种都不是我所能把握的，保持心底的思虑平静，不生变化混乱，这就是你所说的顺应天命的快乐。你只知道顺应天命地生活很快乐，但你不知道顺应天命地生活也有很忧患的一面。

弗易

出处：兼四子者之有以易吾，吾弗许也。

解说：孔子与弟子子夏交谈时，说另外的四个弟子颜回、子贡、子路和子张各有超出自己的长处，颜回的仁爱、子贡的口才、子路的勇猛、子张的端庄都强于他。子夏问："那为什么这四个人要拜夫子您为师呢？"孔子说："颜回仁爱，但不懂得该狠心时要狠下心；子贡能言善辩，但不懂得该闭嘴的时候要闭上嘴；子路勇猛敢拼，但不懂得该恐惧的时候应该恐惧；子张行事端庄，但不懂得该随和的时候要随和。这四个人的长处加在一起来换我的长处，我也不愿意。"

在己、静镜

出处：在己无居，形物其箸。其动若水，其静若镜，其应若响。

解说：只要自己不固执，事物内在之理就会自动地显现出来。这些事理运行起来像水一样流畅自然，静止下来像镜子一样平滑清晰，发生反应时像声音的回声一样快速而确然。

《汤问》

冠裳

出处：南国之人祝发而裸，北国之人鞨巾而裘，中国之人冠冕而裳。

解说：居住在南方的人剃掉头发，不穿衣服；居住在北方的人以布巾裹头，穿着毛皮；居住在中原的人戴着冠帽，穿着衣裙。

商南、叩羽、徵蕤（zhǐ ruí）

出处：于是当春而叩商弦以召南吕，凉风忽至，草木成实。及秋而叩角弦以激夹钟，温风徐回，草木发荣。当夏而叩羽弦以召黄钟，霜雪交下，川池暴沍（hù）。及冬而叩徵弦以激蕤宾，阳光炽烈，坚冰立散。将终，命宫而总四弦，则景风翔，庆云浮，甘露降，澧泉涌。

解说：郑国的琴师师文向鲁国著名琴师师襄学习琴艺，学了三年还弹不成一首完整的曲子，师襄赶他走，他说："我之所以弹不出曲子，是因为我觉得自己还不能体察内在的心意，也不能应和外在的乐器，所以不敢动手去拨动琴弦，等我练几天您再看看吧。"过了几天，师襄问师文练得怎么样了，师文说："我已经练好了，这就给您演奏一番。"于是，他便在春天弹起了象征秋天的商弦，奏出了代表八月的音律南吕，飒飒秋风突然降临，草木都结出了果实。接着，他又在这秋天里弹起了象征春天的角弦，激发出了代表二月的音律夹钟，暖和的东风缓缓吹来，草木又萌发了新芽，生叶开花。随后，他又在接下来的夏天里弹起了象征冬天的羽弦，发出了代表十一月的乐律黄钟，一时雪花飞舞，河川冻结。在这冬天，他弹起了象征夏天的徵弦，激发了代表五月的乐律蕤宾，阳光变得炽烈，水面上坚实的冰层迅速融化。到了乐曲快结束时，他弹起了五音中的宫调，来总领其他四弦，这时清朗祥和的风环绕吹拂，彩云飘在空中，甘霖从天上洒下，甜泉从地面冒出。师襄非常佩服，高兴地说："你的弹奏太精妙了！"

【列子】

效娥

出处：故雍门之人至今善歌哭，效娥之遗声。

解说：韩国的歌唱家韩娥去齐国，身上带的粮食吃完了，便在过齐国城门雍门时卖唱换吃的，她离开后，歌声在雍门的梁柱处盘旋了三天都没有停下来，周围的人还以为她根本没走。不久她经过一家旅店，受到旅店里的人侮辱，一路哀声长哭而去，方圆十里的老老少少都陷入了悲伤哀愁之中，在家中呆坐，眼泪直流，三天都吃不下饭。人们只得去把她追回来，她又唱了一首欢乐的歌，听到歌声的人们控制不住地拍着手跳起舞起来，心中的忧伤一扫而空。所以雍门一带的人都擅长唱歌和作哀哭之声，就是仿效了韩娥留下的声乐艺术。

志登、峨若、洋若

出处：伯牙鼓琴，志在登高山。钟子期曰："善哉！峨峨兮若泰山！"志在流水。钟子期曰："善哉！洋洋兮若江河！"

解说：伯牙擅长弹琴，而钟子期擅长欣赏琴声，伯牙一边弹琴一边向往着登上高山。钟子期赞叹说："好啊！这音乐巍峨雄壮，如同高峻的泰山！"伯牙弹琴时想象着河流。钟子期说："好啊！这音乐浩浩荡荡，如同奔涌的江河！"

《力命》

易悟

出处：北宫子之寐久矣，一言而能寤，易悟也哉！

解说：北宫子穷困，而西门子富贵，西门子因此奚落羞辱北宫子。北宫子无言以对，只得失落离去，路上遇到东郭先生，东郭先生知道原委后，便带着北宫子去找西门子，质问他为何要羞辱北宫子。西门子说，因为北宫子地位低贱，生活贫困，做人做事也总是失败，任何地方都比不上自己，却总想跟自己平起平坐。东郭先生斥责他说："你说的不过是你俩在才华和德行上的不同，但我说的不同却不是这些。北宫子仁德深厚，但命不好，而你命特别好，仁德却不足。你发达，不是因为你明智，北宫子困窘，也不是因为他愚蠢，这都是天命造成的，不是人力的结果。你仗着自己命好，就瞧不起别人，这与北宫子为了自己命不好而羞愧是一样的，都是因为你们不懂得这些本就如此的道理。"西门子听了东郭先生的话，十分惭愧。北宫子也明白了个人荣辱仅仅在于个人的修为和心态而已，从此安贫乐道。东郭先生赞扬说："北宫子糊里糊涂了这么久，一句话就点醒了他，他也算是很容易有所觉悟的人啊！"

列子

默成、平宁

出处：自然者，默之成之，平之宁之，将之迎之。

解说：所谓自然，就是静默无声形成的，平常且宁静，时隐而时现。

《杨朱》

智存、存我

出处：故智之所贵，存我为贵；力之所贱，侵物为贱。

解说：所以说，人类的智慧之所以可贵，就是因为人类可以凭借智慧保护自己，在这个世界上生存下去；蛮力之所以低劣不值钱，就是因为使用蛮力时往往会侵损毁坏那些对人类有使用价值的事物。

至至

出处：公天下之身，公天下之物，其唯至人矣！此之谓至至者也。

解说：将天下人的身体作为天下人公有之身体，将天下人的财物作为天下人公有的财物，只有道德最高尚的人会这样做吧！这就是所谓的"有着至高道德的最高尚的人"。

《说符》

将和、将随

出处：慎尔言，将有和之；慎尔行，将有随之。

解说：你的言论要谨慎说出，要考虑到会有人附和；你的行动要谨慎做出，要考虑到会有人效仿追随。

知贤

出处：贤者任人，故年老而不衰，智尽而不乱。故治国之难在于知贤而不在自贤。

解说：贤能的人懂得任用合适的人，所以即使他自己年纪大了，办事能力也不会衰退，智力用尽了，也不会乱做决定。所以治理国家最难的在于知道什么样的人才是贤能的人，而不是自己必须始终贤能。

（八）唐宋诗词起名实例

芃秋	苒夏	夕霏	超矫	朱霞	云鹤	帆樵	樵风	谷晴	雨晴
盈衣	步溪	溪月	山明	月露	静松	念牧	牧心	染湘	湘波
日华	浮雪	楚青	青芜	芜波	旷耘	时荷	春流	岸深	麟鸿
澄波	波皓	皓澄	皓中	吟竹	筠衣	闲竹	倚竹	朱衣	湛然
湛澄	秋澄	澄流	野晴	霜晓	晴菊	绣羽	羽齐	向竹	露莎
霜树	映晖	雨牧	童笛	泓澄	泓泉	冷泉	清旷	双燕	凭燕
识航	立汀	华春	自春	平芜	春山	玉莹	锦斓	涧风	风裳
娟照	冠霜	山月	晚霁	疑月	星河	星鹭	彩舟	绮陌	霁村
梅英	绽英	敛尘	冰姿	自仙	新娟	心如	纤雨	向荷	荷语
倚暮	暮云	暮雁	初雁	南飞	向晓	晓寒	桥笛	驿春	寄梅
江梅	春回	梨榆	心宜	千嶂	沧波	江晚	渔秋	湖秋	听雨
蕉雨	铿然	特卓	亦卓	卓尔	雪晴	晴庭	时语	溪耕	襟阔
云远	岸蕊								

芃秋、莴夏

出处：芃芃秋麦盛，莴莴夏条垂。

——唐代沈佺期《夏日梁王席送张岐州》

解说：将在秋季成熟的麦子现在青苗蓬勃，盛夏的树垂下了茁壮的枝条。

夕霏

出处：野禽喧戍鼓，春草变征衣。回顾长安道，关山起夕霏。

——唐代卢照邻《还赴蜀中贻示京邑游好》

解说：鸟雀喧闹和着军旅的鼓声，莽莽春草掩映着军人们的衣袍。一边走一边回头望向通往长安的路，只见关隘和起伏的群山间浮起了傍晚的烟霭。

超矫、朱霞、云鹤

出处：訏超超越俗，如半天朱霞。歊（xiāo）矫矫出尘，如云中白鹤。

——唐代李延寿《南史·刘怀珍传》

解说：刘訏超凡脱俗，人品高美，就像半天的红霞。刘歊矫健刚武，就像云中飞翔的白鹤。他们两人可谓是歉收之年的粮食、酷寒之年的棉絮，不可多得。刘訏和刘歊都是南朝齐人。刘歊之父、刘訏之从祖父刘怀珍是齐朝的武将。

帆樵、樵风、谷晴、雨晴

出处：帆得樵风送，春逢谷雨晴。

——唐代孟浩然《与崔二十一游镜湖寄包贺二公》

解说：樵风吹动船帆，春日正逢谷雨，天却晴朗。"樵风"指的是若耶溪上的风。传说汉代有个叫郑弘的人上山砍柴，捡到一支箭，他拿着箭原地等待，等来了取箭的神仙。神仙问郑弘有什么愿望，郑弘说："若耶溪上运柴的船很难走，我希望早上吹南风，傍晚吹北风，行船来往方便。"后来就真的这样了。所以若耶溪风被称作樵风，也叫郑公风。

盈衣、步溪、溪月

出处：对酒不觉暝，落花盈我衣。醉起步溪月，鸟还人亦稀。

——唐代李白《自遣》

解说：只顾饮酒不知夜色已至，落花掉落了我一身。喝醉了起身走在溪水的月影之上，鸟儿都飞返林巢，四周静谧无人。

山明、月露、静松

出处：山明月露白，夜静松风歇。

——唐代李白《游泰山六首（其六）》

解说：山间的明月照得露水发白，夜晚如此宁静，连风吹松林的哗哗声都听不到。"月露"的意思是月光下的露珠。

念牧、牧心

出处：不言牧田远，不道牧陂深。所念牛驯扰，不乱牧童心。

——唐代储光羲《牧童词》

解说：不抱怨放牧的草场遥远，也不抱怨放牧的山地幽深。只盼望牛群乖乖听话，不要让牧童的心烦乱不安。

染湘、湘波、日华、浮雪

出处：日华浮野雪，春色染湘波。

——唐代刘长卿《长沙早春雪后临湘水，呈同游诸子》

解说：日光还在郊野的雪层上闪耀，早春的色彩已经染绿了湘水的清波。

楚青、青芜、芜波

出处：楚国青芜上，秋云似白波。

——唐代卢纶《送宁国夏侯丞》

解说：楚地绿色的原野上，飘荡的秋云像雪白的波涛。

旷耘、时荷

出处：有时荷锄犁，旷野自耕耘。

——唐代常建《鄂渚招王昌龄张偾》

解说：（清贫而贤达的隐士）根据时令扛着锄头去犁地，在旷野自在地耕种。

春流、岸深

出处：农务村村急，春流岸岸深。

——唐代杜甫《春日江村五首（其一）》

解说：每个村子都在为农事而急切地忙碌着，春天的江流雨涨水深，许多堤岸的水位都升高了。

麟鸿

出处：麒麟图画鸿雁行，紫极出入黄金印。

——唐代杜甫《惜别行，送向卿进奉端午御衣之上都》

解说：您家兄弟的画像都被收入麒麟阁，在天子所居的宫殿里出入，佩戴着重臣才有的黄金官印。这是夸赞诗题中所说的向家兄弟的功勋和地位。

澄波、波皓、皓澄、皓中

出处：报君一事君应羡，五宿澄波皓月中。

——唐代白居易《泛太湖书事寄微之》

解说：告诉您一件事，您应该会很羡慕我，这五个晚上我泛舟太湖，睡在清澄的水上，身边就是一轮皓月。

吟竹、筠衣、闲竹、倚竹、朱衣

出处：闲吟倚新竹，筠粉污朱衣。

——唐代白居易《晚兴》

解说：闲来无事倚靠着新生嫩竹吟几句诗，筠粉沾染了红衣。筠粉，是竹节上的白粉。

湛然、湛澄、秋澄、澄流

出处：湛然玉匣中，秋水澄不流。

——唐代白居易《李都尉古剑》

解说：清莹幽深的剑身摆放在玉匣中，宛如一条澄明的秋水，只是凝然不动。

野晴、霜晓、晴菊

出处：野晴山簇簇，霜晓菊鲜鲜。

——唐代韩愈《祖席前字（送王涯徙袁州刺史作）》

解说：晴朗天气时的野外，山峰座座堆簇，寒冷凝霜的清晨，菊花新绽，色彩鲜明。

绣羽、羽齐、向竹

出处：春来绣羽齐，暮向竹林栖。禁苑衔花出，河桥隔树啼。

——唐代顾况《春鸟词送元秀才入京》

解说：春天的时候美丽的羽毛已经长全，夜里眠宿在高洁的竹林中。从帝王庭院里衔出鲜花，在河桥畔的树上啼鸣。这四句诗都是祝福元秀才得到皇帝赏识，加官晋爵的意思。

露莎、霜树、映晖

出处：半日垂鞭念前事，露莎霜树映斜晖。

——北宋王禹偁《过鸿沟》

解说：久久垂着马鞭思考着历史上的那些往事，抬眼便看到凝露的草丛和霜染的秋树反映着夕阳的余晖。

雨牧、童笛

出处：细草烟深暮雨收，牧童归去倒骑牛。笛中一曲升平乐，再得生来未解愁。

——北宋王禹偁《升平词》

解说：春天的雨雾细密深绵，到黄昏时分才停止，牧童在归家的路上，悠闲地倒骑在牛背上。他用牧笛吹了一曲《升平乐》，从笛声中听不出任何愁思，大概他从来就不知道什么是愁闷吧。

泓澄、泓泉、冷泉、清旷

出处：泓澄冷泉色，写我清旷心。

——北宋林逋《和运使陈学士游灵隐寺寓怀》

解说：深邃清澈的泉水，色冷无杂，宛如我清高旷远的内心。

双燕、凭燕、识航

出处：念双燕、难凭远信，指暮天、空识归航。

——北宋柳永《玉蝴蝶（其一）》

解说：燕子无法将信送往远方，暮色笼罩天地，看不清哪一艘船才是我所盼望的归舟。

立汀

出处：爱闲输白鸟，尽日立汀沙。

——北宋梅尧臣《西湖闲望》

解说：我对闲适生活的喜爱不如水中的白鹭，它一整天都在湖中沙洲上悠然站立。

华春、自春

出处：樽酒不常满，年华祗自春。

——北宋宋祁《西园早春（其二）》

解说：酒杯不常有斟满的时候，年年岁岁，春天总是不请自来。意思是人生倏忽，喜乐愉悦却并非常有，时光不为人匆忙或缓慢，四季转换有自己的节奏。

平芜、春山

出处：平芜尽处是春山，行人更在春山外。

——北宋欧阳修《踏莎行·候馆梅残》

解说：平原的尽头处是翠绿的山峦，我思念的人在山峦的那一边。

玉莹、锦斓

出处：玉光莹润锦斓斑，霜雪经多节愈坚。

——北宋欧阳修《谢提刑张郎中寄筇竹拄杖》

解说：像美玉一样莹润光亮，像锦绣一样多彩斑斓，经历了多年的霜雪洗礼，竹节很多，质地坚硬。这是在赞美一根友人赠送的竹杖，宋代文人有使用竹杖的时尚，竹杖也是经常入诗词的雅物。

涧风、风裳、娟照、冠霜、山月

出处：栗栗涧谷风，吹我衣与裳。娟娟空山月，照我冠上霜。

——北宋王安石《秋日不可见》

解说：深谷水涧吹来的寒风，扬起我的衣与裳。空寂的山巅一弯新月，照着我冠帽上的轻霜。

晚霁、疑月

出处：稍觉野云成晚霁，却疑山月是朝暾。

——北宋王安石《次韵舍弟赏心亭即事二首（其二）》

解说：刚刚发觉野外的云已化作一片夜晚的晴空，转念又有些怀疑，那山岭上升起的圆月是不是朝阳？

星河、星鹭、彩舟

出处：彩舟云淡，星河鹭起，画图难足。

——北宋王安石《桂枝香·金陵怀古》

解说：彩舟航行，天高云淡，繁星落水，白鹭起翔，这河上景色之美，难以描绘。

绮陌、霁村、梅英、绽英、敛尘

出处：绮陌敛香尘。雪霁前村。东君用意不辞辛。料想春光
先到处，吹绽梅英。

——北宋苏轼《浪淘沙·昨日出东城》

解说：繁花如绮的道路上，连尘土都带着花香。前面的村子正逢雪
后初晴。春神东君十分用心，不辞辛劳。想必那些春光先到的地
方，他已先将梅花吹开了。东君就是太阳神、春神。

冰姿、自仙

出处：玉骨那愁瘴雾，冰姿自有仙风。

——北宋苏轼《西江月·梅花》

解说：玉做的身骨怎么会被瘴疠毒雾所吓倒，冰清玉洁的姿态自
带着仙女般的风格。作者以晶莹洁净的冰和玉比喻无所畏惧的岭
南梅花，此词也被认为是他借咏叹梅花悼怀跟随自己放逐岭外的
爱妾。

新娟、心如

出处：旧隐寂寂，新篁娟娟。思彼君子，我心如悬。

——北宋苏轼《鸣泉思》

解说：旧日隐士寂然不见，新生的竹林嫩绿娟秀。思念那位君子，
我的心像被悬挂般煎熬。

纤雨、向荷、荷语

出处：无端轻薄云，暗作廉纤雨。翠袖不胜寒，欲向荷花语。

——北宋晏几道《生查子·长恨涉江遥》

解说：不知哪里飘来轻而薄的云彩，悄然下起了纤柔细雨。身上衣

345

裳华美,却不能抵御这股寒意,面对池中的荷花,想要说点什么(还是没有说)。"廉纤雨"是小雨、微雨的意思。

倚暮、暮云、暮雁、初雁、南飞

出处:楼倚暮云初见雁,南飞。

——北宋晏几道《南乡子·新月又如眉》

解说:黄昏时分在高楼上,从层层暮云中,(今年)第一次望见雁阵向南飞去。

向晓、晓寒

出处:风帘向晓寒成阵,来报东风消息近。

——北宋晏几道《木兰花·风帘向晓寒成阵》

解说:清晨时分,窗帘随着微寒的风飞舞,宛如排成阵列,向人们报告风向即将转为东风,春天将至。

桥笛

出处:静倚官桥吹笛。映宫墙、风叶乱飞,品高调侧人未识。

——北宋周邦彦《月下笛·越调》

解说:在官路的桥上安静倚栏吹笛。阳光照着宫墙,树叶在风中翻飞,所吹的笛曲格调孤高侧奇,人们都听不懂。

驿春、寄梅、江梅、春回

出处:水驿春回,望寄我、江南梅萼。

——北宋周邦彦《解连环·怨怀无托》

解说:水边驿站遇到归来的春天,盼望你寄给我一枝江南的梅花。这是一首表达思念的情诗。

梨榆、心宜

出处：寒食风霜最可人。梨花榆火一时新。心头眼底总宜春。

——南宋赵长卿《浣溪沙·春深》

解说：寒食前后的清风微雪最让人舒适欢喜。梨花和榆木之火都是应时而生的新物。心里眼里都是宜人的春色。

千嶂

出处：采药归来，独寻茅店沽新酿。暮烟千嶂。处处闻渔唱。

——南宋陆游《点绛唇·采药归来》

解说：采药归来，独自寻找乡野小店，打一壶新酒小酌。黄昏烟气笼罩群峰。到处都能听到悠扬的渔歌。

沧波、江晚、渔秋、湖秋

出处：沧波万顷江湖晚，渔唱一声天地秋。

——南宋陆游《初秋骤凉》

解说：渐渐入夜的江上苍茫波涛一望无际，远处偶尔传来一声渔人唱的歌，顿时觉得天地间有了秋意。

听雨、蕉雨

出处：平生愁听芭蕉雨，何事今来听不愁。

——南宋杨万里《旱后喜雨四首（其四）》

解说：平生听到雨打芭蕉的声音最是愁闷，为什么今天听见却不发愁呢？（因为这是久旱逢甘霖啊）

铿然、特卓、亦卓、卓尔

出处：高文既铿然，特立亦卓尔。

——南宋楼钥《刘望之图录惠示文卷次韵为谢》

解说：高妙的文采已经如此坚实响亮，独立的人格也是那么地卓尔不凡。

雪晴、晴庭

出处：楼雪初晴，庭闱嬉笑。一醉何妨玉壶倒。从今康健，不用灵丹仙草。更看一百岁，人难老。

——南宋辛弃疾《感皇恩（寿范倅）》

解说：雪后初晴，楼台下，庭院里，闱闱间，传来阵阵欢声笑语。喝醉了何必还去在乎桌上的酒壶倒了。从今往后，不吃那些灵丹仙药，身体也健健康康。更望活到百岁，长生不老。

时语、溪耕、襟阔、云远

出处：谁信闲襟似水，时忆语溪耕。襟抱番江阔，云远波平。

——南宋陈允平《八声甘州·寿蔡泉宪》

解说：谁能相信如今我闲坐时衣襟轻拂如水，总想着谈论在溪边耕种。当初像江河一样宽阔的襟怀抱负，如今已烟消云散，风平浪静。

岸蕊

出处：岸香弄蕊，新枝轻袅条风。

——南宋周密《露华（次张云韵）》

解说：水岸的花在风中摇曳花蕊，散发清香，新生的枝条袅袅娜娜地随东风摇摆。"条风"指东风或东北风，即春天的暖风。

附录

本书诗词文赋起名实例及其
出处汇总一览

名字	出处	名字	出处
蔼蔼	诗经·卷阿	北莱	诗经·南山有台
爱礼	论语·八佾	北渚	楚辞·九歌
安歌	楚辞·九歌	贲濡	周易·贲
安化	庄子·天运	本迪	楚辞·九章
安节	周易·节	比彭	论语·述而
安久	道德经	比贤	周易·比
安仁	论语·里仁	彼非	庄子·齐物论
安顺	庄子·养生主	彼舜	楚辞·离骚
岸蕊	露华（次张云韵）	彼尧	楚辞·离骚
岸深	春日江村五首（其一）	彼原	诗经·皇皇者华
昂若	楚辞·卜居	彬然	论语·雍也
白露	诗经·蒹葭	滨木	楚辞·天问
白束	诗经·野有死麕	冰姿	西江月·梅花
百禄	诗经·天保	秉德	楚辞·天问
柏舟	诗经·柏舟	秉懿	诗经·烝民
邦翰	诗经·崧高	秉钺	诗经·长发
邦基	诗经·南山有台	波皓	泛太湖书事寄微之
邦民	诗经·玄鸟	伯爰	诗经·伯兮
邦仕	论语·卫灵公	伯庸	楚辞·离骚
邦彦	诗经·羔裘	博民	论语·雍也
邦媛	诗经·君子偕老	博文	论语·雍也
邦直	诗经·羔裘	步溪	自遣
宝璐	楚辞·九章	偲怡	论语·子路
保道	道德经	才美	论语·泰伯
保明	楚辞·远游	才全	庄子·德充符
葆光	庄子·齐物论	采艾	诗经·采葛
抱朴	道德经	采采	诗经·卷耳
北鲲	庄子·逍遥游	采葛	诗经·采葛

名字	出处	名字	出处
采苓	诗经·采苓	成大	道德经
采芹	诗经·采菽	成德	周易·乾
采萧	诗经·采葛	成乐	论语·泰伯
采秀	楚辞·九歌	成理	庄子·知北游
彩舟	桂枝香·金陵怀古	成美	论语·颜渊
苍群	楚辞·天问	成莘	楚辞·天问
沧波	初秋骤凉	成言	楚辞·离骚
沧清	楚辞·渔父	成之	周易·系辞上
藏之	周易·说卦	诚言	楚辞·九章
婵媛	楚辞·离骚	诚勇	楚辞·九歌
昌顾	诗经·猗嗟	承德	周易·蛊
常度	楚辞·九章	承风	楚辞·远游
常丰	列子·黄帝	承旂	楚辞·离骚
常容	道德经	承意	庄子·外物
常夏	诗经·思文	承翼	庄子·秋水
超矫	南史·刘怀珍传	承宇	楚辞·九章
超然	楚辞·卜居	乘骥	楚辞·离骚
超轶	庄子·徐无鬼	乘雷	楚辞·九歌
朝驰	楚辞·九歌	乘骆	诗经·裳裳者华
朝闻	论语·里仁	乘骐	楚辞·离骚
朝梧	楚辞·离骚	乘墉	周易·同人
辰良	楚辞·九歌	澄波	泛太湖书事寄微之
辰星	楚辞·远游	澄流	李都尉古剑
忱斯	诗经·大明	驰丘	楚辞·离骚
晨风	诗经·晨风	驰之	楚辞·九章
晨舒	楚辞·远游	炽昌	诗经·閟宫
成材	庄子·徐无鬼	初德	楚辞·九辩
成存	周易·系辞上	初度	楚辞·离骚

名字	出处	名字	出处
初雁	南乡子·新月又如眉	存我	列子·杨朱
初挚	楚辞·天问	存义	周易·乾
楚青	送宁国夏侯丞	错然	周易·离
处乐	论语·里仁	达福	庄子·至乐
处约	论语·里仁	达生	庄子·列御寇
俶城	诗经·崧高	大初	庄子·知北游
川至	诗经·天保	大来	周易·泰
春回	解连环·怨怀无托	澹海	道德经
春卉	诗经·出车	道安	楚辞·离骚
春流	春日江村五首（其一）	道冲	道德经
春山	踏莎行·候馆梅残	道昆	楚辞·离骚
春阳	诗经·七月	道生	论语·学而
春咏	论语·先进	道正	论语·学而
纯如	论语·八佾	得臣	周易·损
纯熙	诗经·酌	得路	楚辞·离骚
纯忠	楚辞·九辩	得民	周易·屯
辞辑	诗经·板	德本	庄子·天下
慈守	道德经	德方	周易·坤
慈勇	道德经	德丰	道德经
慈战	道德经	德惠	诗经·崧高
从乔	楚辞·远游	德茂	诗经·南山有台
从思	周易·咸	德美	庄子·知北游
从先	论语·先进	德明	诗经·皇矣
从周	论语·八佾	德能	庄子·人间世
萃刚	周易·萃	德普	道德经
萃之	楚辞·天问	德柔	诗经·崧高
存己	庄子·人间世	德善	道德经
存介	周易·系辞上	德信	道德经

名字	出处	名字	出处
德修	论语·述而	侗来	庄子·庚桑楚
德言	论语·宪问	侗然	庄子·庚桑楚
德庸	论语·雍也	垌野	诗经·駉
德友	庄子·德充符	栋宇	周易·系辞下
德余	道德经	独清	楚辞·渔父
德予	论语·述而	杜若	楚辞·九歌
德长	道德经	敦复	周易·复
德真	道德经	敦临	周易·临
德直	诗经·崧高	敦仁	周易·系辞上
地山	周易·谦	敦若	道德经
登恒	庄子·则阳	敦琢	诗经·有客
登昆	楚辞·九歌	多黍	诗经·丰年
棣华	诗经·何彼襛矣	峨若	列子·汤问
殿邦	诗经·采菽	而非	庄子·知北游
鼎实	周易·鼎	而明	周易·明夷
鼎铉	周易·鼎	而徒	周易·贲
鼎玉	周易·鼎	尔承	诗经·天保
定尔	诗经·天保	尔耕	诗经·噫嘻
定方	诗经·定之方中	发祥	诗经·长发
定家	诗经·桓	茷茷	诗经·泮水
定民	周易·履	帆樯	与崔二十一游镜湖寄包贺二公
定心	楚辞·九章	范化	周易·系辞上
东甫	诗经·车攻	方纲	诗经·假乐
东明	诗经·大东	方顾	庄子·田子方
东雨	诗经·东山	方华	诗经·出车
冬川	道德经	方圜	楚辞·九章
冬江	庄子·则阳	方廉	道德经
冬荣	楚辞·远游	方林	楚辞·九章

名字	出处
方宣	诗经·崧高
芳蔼	楚辞·九辩
芳菲	楚辞·离骚
芳若	楚辞·九歌
芳泽	楚辞·离骚
芳洲	楚辞·九歌
飞泉	楚辞·远游
非默	庄子·则阳
非我	庄子·田子方
非言	庄子·则阳
非也	论语·卫灵公
非与	论语·卫灵公
斐章	论语·公冶长
奋飞	诗经·柏舟
丰年	诗经·烈祖
丰芑	诗经·文王有声
丰垣	诗经·文王有声
凤裳	秋日不可见
凤冈	诗经·卷阿
凤翔	楚辞·九辩
奉璋	诗经·棫朴
夫行	论语·卫灵公
弗迪	诗经·桑柔
弗履	周易·大壮
弗易	列子·仲尼
弗知	庄子·知北游
佛时	诗经·敬之
孚嘉	周易·随

名字	出处
孚威	周易·家人
孚悦	周易·兑
拂宜	庄子·则阳
浮雪	长沙早春雪后临湘水，呈同游诸子
福持	庄子·至乐
福淳	庄子·则阳
辅宜	周易·泰
复初	楚辞·离骚
复道	周易·小畜
复礼	论语·颜渊
复朴	道德经
复言	楚辞·渔父
复渝	周易·讼
富家	周易·家人
甘节	周易·节
甘棠	诗经·甘棠
刚健	周易·乾
刚强	楚辞·九歌
刚贤	周易·大畜
刚巽	周易·巽
高驰	楚辞·离骚
高冠	楚辞·离骚
高朗	诗经·既醉
高岩	楚辞·九章
戈扬	诗经·公刘
歌商	庄子·让王
歌穗	列子·天瑞

355

名字	出处	名字	出处
革成	周易·革	桂栋	楚辞·九歌
革时	周易·革	桂舟	楚辞·九歌
耕泽	诗经·载芟	国蕃	诗经·崧高
耿吾	楚辞·离骚	国骥	楚辞·九辩
耿著	楚辞·九章	果行	周易·蒙
工拙	庄子·庚桑楚	过中	周易·大过
功美	庄子·渔父	还粲	诗经·缁衣
攻玉	诗经·鹤鸣	海若	楚辞·远游
古明	庄子·天道	含聪	庄子·胠箧
谷晴	与崔二十一游镜湖寄包贺二公	含德	庄子·胠箧
固芳	楚辞·离骚	含明	庄子·胠箧
故吾	庄子·田子方	含霞	楚辞·远游
顾怀	楚辞·九歌	含章	周易·坤
观民	周易·观	含知	庄子·胠箧
观旂	诗经·庭燎	寒泉	周易·井
观生	周易·观	翰飞	诗经·小宛
观我	周易·观	翰如	周易·贲
冠裳	列子·汤问	昊明	诗经·板
冠霜	秋日不可见	浩歌	楚辞·九歌
冠云	楚辞·九章	皓澄	泛太湖书事寄微之
广莫	庄子·逍遥游	皓中	泛太湖书事寄微之
广容	庄子·天道	何本	楚辞·天问
广生	周易·系辞上	何化	楚辞·天问
广志	楚辞·九章	何言	论语·阳货
归朴	庄子·山木	和光	道德经
瑰玮	庄子·天下	和钧	庄子·齐物论
贵言	道德经	和乐	庄子·天道
贵真	庄子·渔父	和行	周易·系辞下

名字	出处	名字	出处
和豫	庄子·德充符	华春	西园早春（其二）
和悦	周易·兑	华光	楚辞·天问
和至	列子·天瑞	华英	楚辞·远游
荷华	诗经·山有扶苏	化邦	周易·中孚
荷蕙	楚辞·九歌	化成	周易·贲
荷衣	楚辞·离骚	化道	庄子·大宗师
荷语	生查子·长恨涉江遥	化均	庄子·天地
褐玉	道德经	化纽	庄子·人间世
鹤和	周易·中孚	化鹏	庄子·逍遥游
鹤鸣	诗经·鹤鸣	化宜	周易·系辞下
鹤野	诗经·鹤鸣	怀德	论语·里仁
亨嘉	周易·乾	怀归	诗经·四牡
亨岐	周易·升	怀瑾	楚辞·九章
亨正	周易·临	怀琬	楚辞·远游
恒简	周易·系辞下	怀琰	楚辞·远游
恒易	周易·系辞下	涣涣	诗经·溱洧
弘道	论语·卫灵公	焕章	论语·泰伯
弘毅	论语·泰伯	黄离	周易·离
泓澄	和运使陈学士游灵隐寺寓怀	挥绰	庄子·天运
泓泉	和运使陈学士游灵隐寺寓怀	恢夏	楚辞·九辩
洪泉	楚辞·天问	晖吉	周易·未济
鸿陆	周易·渐	辉光	周易·大畜
鸿磐	周易·渐	回乐	论语·雍也
厚安	周易·剥	惠德	周易·益
厚德	周易·坤	惠国	诗经·民劳
厚正	楚辞·九章	惠心	周易·益
湖秋	初秋骤凉	蕙华	楚辞·九辩
虎文	周易·革	蕙实	楚辞·九辩

名字	出处	名字	出处
击蒙	周易·蒙	霁村	浪淘沙·昨日出东城
积中	周易·大有	冀进	楚辞·九章
缉熙	诗经·昊天有成命	冀峻	楚辞·离骚
及知	论语·公冶长	骥德	论语·宪问
即戎	论语·子路	家光	诗经·南山有台
几道	道德经	嘉和	周易·乾
几微	周易·系辞下	嘉卉	诗经·四月
己达	论语·雍也	嘉名	楚辞·离骚
己立	论语·雍也	嘉树	楚辞·九章
己愈	庄子·田子方	嘉炎	楚辞·远游
济湘	楚辞·离骚	兼怀	庄子·秋水
济众	论语·雍也	兼山	周易·艮
既安	诗经·常棣	俭广	道德经
既繁	诗经·公刘	简简	诗经·那
既君	诗经·风雨	简舞	诗经·简兮
既明	楚辞·九歌	见粲	诗经·绸缪
既平	诗经·黍苗	见良	诗经·绸缪
既清	诗经·黍苗	见素	道德经
既庶	诗经·公刘	见晓	庄子·天地
既硕	诗经·大田	见行	周易·乾
既庭	诗经·大田	见赜	周易·系辞上
既轩	诗经·六月	见舟	庄子·达生
既琢	庄子·山木	建芳	楚辞·九歌
继明	周易·离	建馨	楚辞·九歌
继佩	楚辞·离骚	健明	周易·大有
继业	楚辞·天问	健巽	周易·小畜
继之	周易·系辞上	涧风	秋日不可见
寄梅	解连环·怨怀无托	鉴明	庄子·德充符

名字	出处	名字	出处
鉴水	庄子·德充符	井义	周易·系辞下
鉴殷	诗经·文王	景福	诗经·行苇
江海	道德经	景河	诗经·玄鸟
江梅	解连环·怨怀无托	景行	诗经·车辇
江晚	初秋骤凉	景光	楚辞·九章
将和	列子·说符	竞烈	诗经·执竞
将随	列子·说符	靓秋	楚辞·九辩
蕉雨	旱后喜雨四首（其四）	敬尔	诗经·抑
节中	楚辞·离骚	敬慎	周易·需
介知	道德经	敬义	周易·坤
今东	楚辞·九章	敬渝	诗经·板
今芬	楚辞·离骚	靖与	诗经·小明
金杞	周易·姤	靖之	诗经·昊天有成命
襟阔	八声甘州·寿蔡泉宪	静好	诗经·女曰鸡鸣
锦斓	谢提刑张郎中寄筇竹拄杖	静镜	列子·仲尼
谨度	诗经·抑	静明	庄子·天道
谨丰	楚辞·九章	静清	道德经
谨信	论语·学而	静然	庄子·外物
谨修	庄子·渔父	静圣	庄子·天道
谨真	庄子·渔父	静姝	诗经·静女
瑾瑜	楚辞·九章	静松	游泰山六首（其六）
进邦	周易·渐	静虚	列子·天瑞
近思	论语·子张	静言	诗经·柏舟
晋明	周易·晋	静愉	楚辞·远游
荆勋	楚辞·天问	静正	道德经
菁莪	诗经·菁菁者莪	九际	楚辞·天问
井寒	周易·井	久敬	论语·公冶长
井井	周易·井	久贤	庄子·德充符

名字	出处	名字	出处
久中	周易·恒	君效	诗经·鹿鸣
就岐	楚辞·天问	君欣	楚辞·九歌
居方	周易·未济	君俨	论语·子张
居简	论语·雍也	君懿	周易·小畜
居康	诗经·公刘	君喻	论语·里仁
具扬	诗经·大叔于田	君则	诗经·鹿鸣
具瞻	诗经·节南山	君争	论语·八佾
据德	论语·述而	君正	周易·同人
娟照	秋日不可见	君之	周易·说卦
觉贤	论语·宪问	君至	论语·八佾
觉楹	诗经·斯干	君重	论语·学而
均和	庄子·天道	君周	论语·为政
君光	周易·未济	君作	诗经·巧言
君好	诗经·关雎	峻茂	楚辞·离骚
君和	论语·子路	骏德	诗经·雨无正
君晖	周易·未济	骏声	诗经·文王有声
君解	周易·解	开承	周易·师
君乐	诗经·桑扈	开明	楚辞·天问
君厉	论语·子张	凯南	诗经·凯风
君鸾	诗经·庭燎	侃如	论语·乡党
君纶	周易·屯	康侯	周易·晋
君儒	论语·雍也	康年	诗经·臣工
君若	论语·宪问	可复	论语·学而
君识	周易·大畜	可纪	庄子·则阳
君树	诗经·巧言	可简	论语·雍也
君泰	论语·子路	可言	论语·子路
君蔚	周易·革	可贞	周易·坤
君温	论语·子张	可志	庄子·则阳

名字	出处	名字	出处
克己	论语·颜渊	乐茆	诗经·泮水
铿尔	论语·先进	乐芹	诗经·泮水
铿然	刘望之图录惠示文卷次韵为谢	乐全	庄子·缮性
		乐然	论语·宪问
孔惠	诗经·楚茨	乐山	论语·雍也
孔嘉	诗经·破斧	乐行	周易·乾
孔静	楚辞·九章	乐仪	诗经·菁菁者莪
孔时	诗经·楚茨	乐藻	诗经·泮水
叩羽	列子·汤问	乐知	周易·系辞上
旷若	道德经	雷行	周易·无妄
旷耘	鄂渚招王昌龄张偾	磊磊	楚辞·九歌
况真	庄子·大宗师	冷泉	和运使陈学士游灵隐寺寓怀
况卓	庄子·大宗师	离尤	楚辞·离骚
坤简	周易·系辞下	离芷	楚辞·离骚
廓其	楚辞·九章	梨榆	浣溪沙·春深
来牟	诗经·思文	犁然	庄子·山木
来誉	周易·寒	礼本	论语·八佾
来章	周易·丰	礼和	论语·学而
兰皋	楚辞·离骚	礼行	论语·卫灵公
兰旌	楚辞·九歌	礼翼	庄子·大宗师
兰畹	楚辞·离骚	里仁	论语·里仁
兰辛	楚辞·九歌	力耕	楚辞·卜居
蓝盈	诗经·采绿	立参	论语·卫灵公
览民	楚辞·离骚	立恒	周易·益
劳谦	周易·谦	立礼	论语·泰伯
乐韩	诗经·韩奕	立汀	西湖闲望
乐和	庄子·天下	丽冬	楚辞·远游
乐君	诗经·樛木	丽明	周易·晋

名字	出处	名字	出处
丽荣	楚辞·远游	浏清	诗经·溱洧
丽泽	周易·兑	龙田	周易·乾
丽中	周易·离	龙婉	楚辞·离骚
利川	周易·中孚	龙象	楚辞·离骚
利合	周易·乾	隆吉	周易·大过
利恒	周易·需	鲁君	论语·公冶长
利仁	论语·里仁	鲁一	论语·雍也
利武	周易·巽	鹿鸣	诗经·鹿鸣
利泽	庄子·大宗师	鹿虞	周易·屯
利贞	周易·大壮	璟珞	道德经
敛尘	浪淘沙·昨日出东城	禄中	论语·为政
良翰	诗经·崧高	路周	楚辞·离骚
谅直	楚辞·九辩	露莎	过鸿沟
寥立	道德经	珞珞	道德经
寥天	庄子·大宗师	旅亨	周易·旅
烈光	诗经·载见	履刚	周易·履
麟鸿	惜别行，送向卿进奉端午御衣之上都	履坚	周易·坤
		履素	周易·履
灵姣	楚辞·九歌	履坦	周易·履
灵均	楚辞·离骚	率农	诗经·噫嘻
灵晔	楚辞·远游	曼硕	诗经·閟宫
灵雨	诗经·定之方中	蔓蔓	楚辞·九歌
灵云	楚辞·九歌	梅英	浪淘沙·昨日出东城
令德	诗经·湛露	美珵	楚辞·离骚
令凤	楚辞·离骚	美从	庄子·刻意
令羲	楚辞·离骚	美利	周易·乾
令仪	诗经·烝民	美仁	诗经·卢令
浏浏	楚辞·九辩	美淑	诗经·东门之池

名字	出处	名字	出处
美兮	楚辞·离骚	名实	庄子·至乐
美行	道德经	明纯	庄子·在宥
美言	道德经	明道	庄子·在宥
美政	楚辞·离骚	明法	庄子·知北游
蒙正	周易·蒙	明丰	周易·丰
绵存	道德经	明晋	周易·晋
勉尔	诗经·白驹	明强	道德经
苗秀	论语·子罕	明权	庄子·秋水
民艾	诗经·小旻	明慎	周易·旅
民初	诗经·绵	明十	庄子·天地
民从	周易·师	明庶	周易·贲
民肃	诗经·小旻	明天	庄子·天道
民信	论语·颜渊	明昭	诗经·时迈
民严	诗经·殷武	明止	周易·贲
民义	论语·雍也	明中	周易·明夷
民攸	诗经·泂酌	鸣篪	楚辞·九歌
民由	论语·泰伯	鸣谦	周易·谦
民悦	周易·益	鸣雁	诗经·匏有苦叶
民瞻	诗经·桑柔	莫伦	庄子·寓言
民章	诗经·抑	默成	列子·力命
民哲	诗经·小旻	默识	论语·述而
民知	论语·泰伯	默言	周易·系辞上
民质	诗经·天保	木升	周易·升
敏慧	论语·阳货	木声	庄子·山木
敏求	论语·述而	沐芳	楚辞·九歌
敏慎	论语·学而	牧夫	楚辞·天问
敏文	论语·公冶长	牧归	诗经·静女
敏学	论语·公冶长	牧然	庄子·达生

名字	出处	名字	出处
牧心	牧童词	凝霜	楚辞·九章
牧洋	诗经·大明	怒飞	庄子·逍遥游
牧野	诗经·大明	暖然	庄子·大宗师
慕风	楚辞·九辩	诺仕	论语·阳货
慕圣	楚辞·九辩	盼兮	诗经·硕人
慕诗	楚辞·九辩	培风	庄子·逍遥游
慕先	楚辞·九辩	佩缤	楚辞·离骚
慕予	楚辞·九歌	佩玦	庄子·田子方
暮雁	南乡子·新月又如眉	佩琼	诗经·有女同车
暮云	南乡子·新月又如眉	芃芃	诗经·下泉
穆风	诗经·烝民	芃秋	夏日梁王席送张岐州
穆宜	诗经·假乐	朋来	周易·寒
南滨	诗经·采蘋	朋远	论语·学而
南飞	南乡子·新月又如眉	品章	周易·姤
南涧	诗经·采蘋	平宁	列子·力命
南乔	诗经·汉广	平芜	踏莎行·候馆梅残
南薇	诗经·草虫	平之	诗经·皇矣
南征	周易·升	凭燕	玉蝴蝶（其一）
能爱	周易·系辞上	朴美	庄子·天道
能游	庄子·外物	朴樕	诗经·野有死麕
能周	楚辞·离骚	朴忠	楚辞·卜居
泥泥	诗经·行苇	溥原	诗经·公刘
霓裳	楚辞·九歌	齐礼	论语·为政
念君	诗经·小戎	其驰	诗经·车攻
念牧	牧童词	其华	诗经·桃夭
宁存	庄子·缮性	其濛	诗经·东山
宁固	论语·述而	其实	诗经·桃夭
宁俭	论语·八佾	其姝	诗经·静女

名字	出处	名字	出处
其恕	论语·卫灵公	且武	诗经·叔于田
其叶	诗经·桃夭	勤行	道德经
其仪	诗经·鸤鸠	青衿	诗经·子衿
其跃	诗经·击鼓	青芜	送宁国夏侯丞
其真	庄子·大宗师	青云	楚辞·九歌
其卓	庄子·大宗师	清尘	楚辞·远游
祈甘	诗经·甫田	清江	楚辞·九章
淇右	诗经·竹竿	清旷	和运使陈学士游灵隐寺寓怀
淇舟	诗经·竹竿	清涟	诗经·伐檀
淇竹	诗经·淇奥	清宁	庄子·至乐
骐翼	诗经·采芑	清容	庄子·田子方
岂理	楚辞·离骚	清婉	诗经·野有蔓草
岂弟	诗经·旱麓	清渊	庄子·山木
绮陌	浪淘沙·昨日出东城	晴菊	祖席前字（送王涯徙袁州刺史作）
器也	论语·公冶长		
千嶂	点绛唇·采药归来	晴庭	感皇恩（寿范倅）
迁乔	诗经·伐木	庆誉	周易·丰
谦亨	周易·谦	琼芳	楚辞·九歌
乾易	周易·系辞下	琼佩	楚辞·离骚
玱玱	诗经·采芑	秋澄	李都尉古剑
乔松	诗经·山有扶苏	曲成	周易·系辞上
乔岳	诗经·时迈	荃蕙	楚辞·离骚
桥笛	月下笛·越调	泉柏	楚辞·九歌
樵风	与崔二十一游镜湖寄包贺二公	泉淇	诗经·泉水
巧倩	诗经·硕人	泉松	楚辞·九歌
且格	论语·为政	泉萧	诗经·下泉
且涟	诗经·伐檀	泉左	诗经·竹竿
且宁	诗经·常棣	苒夏	夏日梁王席送张岐州

名字	出处	名字	出处
染湘	长沙早春雪后临湘水，呈同游诸子	柔进	周易·晋
		柔君	诗经·巧言
穰穰	诗经·执竞	柔来	周易·贲
人弘	论语·卫灵公	柔丽	周易·离
人仁	论语·八佾	柔上	周易·晋
壬林	诗经·宾之初筵	柔胜	道德经
仁恩	庄子·天下	柔中	周易·同人
仁静	论语·雍也	如璧	诗经·淇奥
仁乐	论语·雍也	如飞	诗经·常武
仁美	论语·里仁	如翰	诗经·常武
仁寿	论语·雍也	如河	诗经·君子偕老
仁雍	论语·公冶长	如雷	诗经·采芑
仁勇	论语·宪问	如烈	诗经·长发
仁长	周易·乾	如农	论语·子路
仁至	论语·述而	如圃	论语·子路
荏木	诗经·巧言	如丘	论语·公冶长
任鸿	楚辞·天问	如山	诗经·君子偕老
任鱼	庄子·外物	如松	诗经·斯干
纫蕙	楚辞·离骚	如霆	诗经·采芑
纫秋	楚辞·离骚	如锡	诗经·淇奥
日华	长沙早春雪后临湘水，呈同游诸子	如英	诗经·汾沮洳
		如愚	论语·为政
日升	诗经·天保	如玉	诗经·白驹
荣华	楚辞·离骚	如竹	诗经·斯干
容倚	楚辞·九辩	茹蕙	楚辞·离骚
蓉裳	楚辞·离骚	润之	周易·说卦
柔定	诗经·民劳	若冰	道德经
柔嘉	诗经·烝民	若驰	庄子·秋水

名字	出处	名字	出处
若谷	道德经	善能	道德经
若华	楚辞·天问	善仁	道德经
若环	庄子·寓言	善时	道德经
若今	楚辞·九歌	善信	道德经
若驹	楚辞·卜居	善由	楚辞·九章
若均	列子·黄帝	善渊	道德经
若君	论语·公冶长	善治	道德经
若客	道德经	商南	列子·汤问
若厉	周易·乾	上勤	道德经
若陵	庄子·达生	尚宾	周易·观
若昧	道德经	尚琼	诗经·著
若默	庄子·知北游	尚若	论语·宪问
若朴	道德经	尚瑕	楚辞·九辩
若孺	庄子·大宗师	裳华	诗经·裳裳者华
若塞	庄子·知北游	裳裳	诗经·裳裳者华
若水	道德经	裳芸	诗经·裳裳者华
若退	道德经	绍庭	诗经·访落
若英	楚辞·九歌	申申	论语·述而
若渝	道德经	深宁	庄子·缮性
若浊	道德经	慎尔	诗经·抑
山明	游泰山六首（其六）	慎如	道德经
山木	周易·渐	慎行	论语·为政
山月	秋日不可见	生生	周易·系辞上
善邦	论语·子路	省端	楚辞·远游
善博	庄子·徐无鬼	省吾	论语·学而
善从	论语·述而	圣大	道德经
善利	论语·卫灵公	圣功	周易·蒙
善美	论语·八佾	圣利	庄子·胠箧

名字	出处	名字	出处
圣凝	楚辞·渔父	始素	列子·天瑞
圣晏	庄子·山木	式弘	诗经·民劳
圣真	庄子·渔父	事贤	论语·卫灵公
师律	周易·师	适野	诗经·叔于田
师左	周易·师	守高	楚辞·九辩
诗达	论语·子路	守国	周易·坎
诗硕	诗经·崧高	守柔	道德经
施生	周易·益	守真	庄子·渔父
石磊	楚辞·九歌	守中	道德经
石泉	楚辞·九歌	守宗	庄子·德充符
时荷	鄂渚招王昌龄张偾	寿富	诗经·閟宫
时然	论语·宪问	枢发	周易·系辞上
时习	论语·学而	淑君	诗经·关雎
时行	周易·艮	淑旂	诗经·韩奕
时语	八声甘州·寿蔡泉宪	淑慎	诗经·燕燕
时泽	庄子·逍遥游	淑仪	诗经·鸤鸠
时止	周易·艮	舒吾	楚辞·九章
时周	诗经·赉	舒窈	诗经·月出
识航	玉蝴蝶 其一	疏兰	楚辞·九歌
识前	周易·大畜	疏明	庄子·应帝王
实苞	诗经·生民	黍雨	诗经·下泉
实方	诗经·生民	述信	论语·述而
实坚	诗经·生民	树蕙	楚辞·离骚
实枚	诗经·閟宫	帅正	论语·颜渊
实秀	诗经·生民	双燕	玉蝴蝶（其一）
实颖	诗经·生民	霜树	过鸿沟
实墉	诗经·韩奕	霜晓	祖席前字（送王涯徙袁州刺史作）
始亨	周易·乾		

名字	出处	名字	出处
顺凯	楚辞·远游	斯民	论语·卫灵公
顺丽	周易·晋	斯年	诗经·下武
顺巽	周易·观	斯容	诗经·振鹭
舜华	诗经·有女同车	斯依	诗经·公刘
舜英	诗经·有女同车	斯翼	诗经·斯干
硕吉	周易·寒	斯羽	诗经·蟏斯
硕宽	诗经·考槃	斯原	诗经·公刘
硕颀	诗经·硕人	松茂	诗经·天保
硕人	诗经·简兮	松舟	诗经·竹竿
思成	诗经·那	诵言	诗经·桑柔
思聪	论语·季氏	苏苏	周易·震
思光	诗经·公刘	肃霜	诗经·七月
思辑	诗经·公刘	肃羽	诗经·鸿雁
思敬	论语·季氏	素纯	庄子·刻意
思灵	楚辞·九歌	素绘	论语·八佾
思美	楚辞·九章	素民	庄子·马蹄
思媚	诗经·思齐	素荣	楚辞·九章
思明	论语·季氏	素绚	论语·八佾
思齐	诗经·思齐	素枝	楚辞·九歌
思柔	诗经·桑扈	愬吉	周易·履
思我	楚辞·九歌	虽桓	周易·屯
思义	论语·季氏	绥邦	诗经·桓
思豫	周易·既济	遂初	楚辞·天问
思远	楚辞·九章	穟穟	诗经·生民
思忠	论语·季氏	荪美	楚辞·九章
斯飞	诗经·斯干	荪民	楚辞·九歌
斯革	诗经·斯干	荪桡	楚辞·九歌
斯棘	诗经·斯干	所亨	周易·困

名字	出处	名字	出处
所恒	周易·恒	莲楹	庄子·齐物论
所可	庄子·寓言	庭波	楚辞·九歌
所然	庄子·寓言	庭硕	诗经·大田
泰定	庄子·庚桑楚	通志	周易·同人
韬沛	庄子·天地	同波	庄子·天道
桃之	诗经·桃夭	同尘	道德经
陶陶	诗经·君子阳阳	同郊	周易·同人
特卓	刘望之图录惠示文卷次韵为谢	同野	周易·同人
体纯	庄子·刻意	同泽	诗经·无衣
体仁	周易·乾	彤炜	诗经·静女
体素	庄子·刻意	童笛	升平词
天慈	道德经	瞳新	庄子·知北游
天钧	庄子·齐物论	图南	庄子·逍遥游
天康	诗经·烈祖	图难	道德经
天乐	庄子·天道	暾方	楚辞·九歌
天穆	诗经·维天之命	芄兰	诗经·芄兰
天衢	周易·大畜	菀柔	诗经·桑柔
天畏	论语·季氏	晚霁	次韵舍弟赏心亭即事二首（其二）
天小	庄子·大宗师		
天佑	周易·大有	婉如	诗经·野有蔓草
天载	诗经·文王	婉扬	诗经·野有蔓草
天则	周易·乾	万舞	诗经·简兮
天泽	周易·履	忘适	庄子·达生
天正	楚辞·离骚	忘水	庄子·达生
天宗	庄子·天下	望回	论语·公冶长
恬安	庄子·盗跖	危行	论语·宪问
恬愉	庄子·盗跖	危言	论语·宪问
听雨	旱后喜雨四首（其四）	威棣	诗经·柏舟

名字	出处	名字	出处
威如	周易·大有	维叶	诗经·行苇
巍巍	论语·泰伯	维镛	诗经·灵台
唯谨	论语·乡党	维玉	诗经·公刘
唯君	周易·同人	维垣	诗经·板
唯灵	楚辞·离骚	维岳	诗经·崧高
唯仁	论语·里仁	维哲	诗经·鸿雁
唯舜	庄子·德充符	维桢	诗经·文王
唯蜩	庄子·达生	维周	诗经·文王
唯尧	论语·泰伯	苇杭	诗经·河广
唯昭	楚辞·离骚	为锷	庄子·说剑
惟时	楚辞·天问	为锋	庄子·说剑
维城	诗经·板	为谷	道德经
维枞	诗经·灵台	为国	论语·先进
维德	诗经·烈文	为麾	楚辞·远游
维藩	诗经·板	为旌	楚辞·远游
维光	诗经·大东	为仁	论语·颜渊
维汉	诗经·大东	为式	道德经
维翰	诗经·文王有声	为溪	道德经
维驹	诗经·皇皇者华	未落	楚辞·离骚
维良	诗经·桑柔	谓安	庄子·天地
维烈	诗经·武	谓德	庄子·天地
维民	诗经·抑	谓纪	庄子·天地
维宁	诗经·板	谓宽	庄子·天地
维屏	诗经·板	谓立	庄子·天地
维骐	诗经·皇皇者华	谓墨	庄子·天下
维祺	诗经·行苇	谓仁	周易·系辞上
维岩	诗经·节南山	谓韶	论语·八佾
维瑶	诗经·公刘	谓文	论语·公冶长

名字	出处	名字	出处
谓武	论语·八佾	务本	论语·学而
谓学	论语·学而	务民	论语·雍也
谓悦	庄子·天地	夕霏	还赴蜀中贻示京邑游好
谓知	周易·系辞上	夕济	楚辞·九歌
温惠	诗经·燕燕	夕晞	楚辞·远游
文炳	周易·革	兮若	道德经
文刚	周易·贲	西庚	诗经·大东
文健	周易·同人	希然	道德经
文蔚	周易·革	希言	道德经
文质	论语·雍也	昔芳	楚辞·离骚
闻和	庄子·天地	晣晣	诗经·庭燎
闻礼	论语·季氏	锡蕃	周易·晋
闻韶	论语·述而	锡圭	诗经·崧高
闻诗	论语·季氏	锡介	诗经·崧高
闻一	论语·公冶长	溪耕	八声甘州·寿蔡泉宪
闻语	论语·季氏	溪月	自遣
问礼	论语·八佾	袭明	道德经
问微	楚辞·远游	徙义	论语·述而
无成	周易·坤	夏樊	庄子·则阳
芜波	送宁国夏侯丞	夏时	论语·卫灵公
吾善	道德经	先礼	论语·先进
吾信	道德经	先明	庄子·天道
梧阳	诗经·卷阿	先行	论语·为政
武城	诗经·兔罝	纤雨	生查子·长恨涉江遥
武定	诗经·六月	闲闲	诗经·十亩之间
武滔	诗经·江汉	闲竹	晚兴
舞韶	楚辞·离骚	贤德	周易·系辞上
舞洋	诗经·閟宫	贤齐	论语·里仁

名字	出处	名字	出处
贤容	论语·子张	心如	鸣泉思
贤贤	论语·学而	心同	楚辞·九章
贤业	周易·系辞上	心焉	楚辞·九辩
显承	诗经·清庙	心扬	楚辞·九歌
显纯	诗经·维天之命	心夷	诗经·草虫
显思	诗经·敬之	心宜	浣溪沙·春深
湘波	长沙早春雪后临湘水，呈同游诸子	心斋	庄子·人间世
湘灵	楚辞·远游	欣美	楚辞·远游
翔举	楚辞·九辩	新成	道德经
翔清	楚辞·九歌	新德	周易·大畜
翔翼	楚辞·离骚	新娟	鸣泉思
向风	楚辞·远游	薪传	庄子·养生主
向荷	生查子·长恨涉江遥	馨宁	诗经·载芟
向晓	木兰花·风帘向晓寒成阵	信成	论语·卫灵公
向竹	春鸟词送元秀才入京	信芳	楚辞·离骚
萧露	诗经·蓼萧	信古	论语·述而
箫钟	楚辞·九歌	信志	周易·革
小木	庄子·秋水	星陈	楚辞·天问
小石	庄子·秋水	星河	桂枝香·金陵怀古
小童	庄子·徐无鬼	星鹭	桂枝香·金陵怀古
晓寒	木兰花·风帘向晓寒成阵	行嘉	周易·革
孝贞	庄子·渔父	行简	论语·雍也
效娥	列子·汤问	行健	周易·乾
心成	庄子·德充符	行贤	庄子·山木
心端	楚辞·九章	行言	论语·为政
心亨	周易·坎	行正	周易·屯
心宁	诗经·江汉	行周	诗经·都人士
		兴利	周易·系辞下

名字	出处	名字	出处
兴诗	论语·泰伯	雪晴	感皇恩（寿范倅）
幸正	庄子·德充符	薰慈	庄子·天下
休钧	庄子·齐物论	询刍	诗经·板
修安	论语·宪问	询荛	诗经·板
修常	楚辞·离骚	循墨	楚辞·离骚
修敬	论语·宪问	潏哲	诗经·长发
修美	楚辞·九章	雅礼	论语·述而
修能	楚辞·离骚	雅诗	论语·述而
修一	列子·仲尼	雅书	论语·述而
修之	诗经·皇矣	焉止	楚辞·九章
秀实	论语·子罕	延年	楚辞·天问
绣羽	春鸟词送元秀才入京	言从	论语·为政
胥谷	诗经·桑柔	言迩	周易·系辞上
胥原	诗经·公刘	言兰	周易·系辞上
虚游	庄子·山木	言敏	论语·里仁
旭始	诗经·匏有苦叶	言齐	庄子·寓言
续初	楚辞·天问	言慎	论语·子张
宣哲	诗经·雍	言序	周易·艮
翾翠	楚辞·九歌	言言	诗经·皇矣
玄同	道德经	言远	周易·系辞上
玄文	楚辞·九章	言章	诗经·都人士
烜之	周易·说卦	言之	楚辞·九章
学固	论语·学而	言知	庄子·知北游
学海	论语·述而	言中	论语·先进
学思	论语·为政	颜丹	诗经·终南
学诵	楚辞·九辩	晏然	庄子·山木
学文	论语·学而	雁南	楚辞·九辩
学致	论语·子张	燕辞	楚辞·九辩

名字	出处
燕飞	诗经·燕燕
燕归	楚辞·九辩
燕乐	诗经·南有嘉鱼
燕朋	诗经·假乐
燕溪	庄子·说剑
燕音	诗经·燕燕
燕羽	诗经·燕燕
燕誉	诗经·韩奕
扬浩	楚辞·九歌
扬灵	楚辞·九歌
扬霓	楚辞·离骚
阳波	庄子·天道
杨舟	诗经·菁菁者莪
洋若	列子·汤问
养晦	诗经·酌
养惠	论语·公冶长
养贤	周易·大畜
养中	庄子·人间世
遥思	楚辞·远游
瑶华	楚辞·九歌
瑶圃	楚辞·九章
也刚	周易·坤
野晴	祖席前字（送王涯徙袁州刺史作）
叶荣	楚辞·九章
一德	周易·系辞下
伊人	诗经·蒹葭
依蒲	诗经·鱼藻

名字	出处
依仁	论语·述而
依圣	楚辞·离骚
猗那	诗经·那
夷南	周易·明夷
宜君	诗经·假乐
宜民	诗经·假乐
宜笑	楚辞·九歌
宜修	楚辞·九歌
宜振	诗经·螽斯
宜中	周易·丰
贻牟	诗经·思文
疑月	次韵舍弟赏心亭即事二首（其二）
以察	楚辞·渔父
以成	论语·八佾
以澄	道德经
以骋	楚辞·离骚
以驰	楚辞·离骚
以东	楚辞·九歌
以孚	周易·泰
以皓	楚辞·渔父
以节	周易·节
以谨	诗经·民劳
以衍	诗经·南有嘉鱼
以礼	论语·先进
以茂	周易·无妄
以明	周易·随
以南	诗经·鼓钟

名字	出处	名字	出处
以宁	诗经·文王	义适	庄子·至乐
以佩	楚辞·离骚	义质	论语·卫灵公
以奇	道德经	亦白	诗经·有客
以琼	诗经·木瓜	亦君	论语·学而
以慎	周易·未济	亦乐	论语·学而
以升	周易·升	亦天	庄子·山木
以适	庄子·渔父	亦卓	刘望之图录惠示文卷次韵为谢
以通	周易·节	易初	楚辞·九章
以文	论语·述而	易从	周易·系辞上
以武	楚辞·九歌	易恬	庄子·刻意
以信	论语·述而	易悟	列子·力命
以行	论语·述而	易知	周易·系辞上
以巽	周易·蒙	绎思	诗经·赉
以雅	诗经·鼓钟	驿春	解连环·怨怀无托
以翼	诗经·文王有声	驿达	诗经·载芟
以约	论语·里仁	奕君	诗经·巧言
以征	楚辞·离骚	奕梁	诗经·韩奕
以正	道德经	益方	周易·益
以祉	周易·泰	益柔	周易·损
以忠	论语·述而	益三	论语·季氏
倚衡	论语·卫灵公	益时	周易·益
倚暮	南乡子·新月又如眉	益下	周易·益
倚竹	晚兴	逸民	论语·微子
义达	论语·季氏	意言	庄子·外物
义和	周易·乾	意致	庄子·秋水
义理	庄子·天下	毅讱	论语·子路
义然	论语·宪问	翼翼	诗经·楚茨
义上	论语·阳货	懿夏	诗经·时迈

名字	出处	名字	出处
因芙	楚辞·九章	友声	诗经·伐木
因曼	庄子·寓言	友文	论语·颜渊
吟竹	晚兴	有苴	楚辞·九歌
隐章	楚辞·九章	有德	诗经·思齐
英粲	诗经·羔裘	有孚	周易·随
莺羽	诗经·桑扈	有光	庄子·庚桑楚
嘤鸣	诗经·伐木	有翰	诗经·崧高
盈衣	自遣	有赫	诗经·皇矣
映晖	过鸿沟	有亨	周易·大有
庸光	庄子·庚桑楚	有辉	诗经·庭燎
永好	诗经·木瓜	有纪	诗经·终南
永孝	诗经·下武	有樛	诗经·樛木
永贞	周易·坤	有兰	楚辞·九歌
勇义	论语·阳货	有林	诗经·宾之初筵
用亨	周易·大有	有苓	诗经·简兮
用晦	周易·明夷	有梅	诗经·终南
用誉	周易·蛊	有朋	论语·学而
优优	诗经·长发	有庆	诗经·裳裳者华
呦呦	诗经·鹿鸣	有壬	诗经·宾之初筵
悠南	诗经·黍苗	有戎	周易·夬
悠悠	诗经·子衿	有尚	周易·坎
由道	论语·雍也	有堂	诗经·终南
由颐	周易·颐	有闻	论语·公冶长
游初	庄子·田子方	有严	诗经·六月
游心	庄子·人间世	有翼	诗经·六月
游艺	论语·述而	有楰	诗经·南山有台
友仁	论语·颜渊	有渝	周易·豫
友生	诗经·常棣	有造	诗经·思齐

名字	出处	名字	出处
有章	诗经·裳裳者华	与歌	诗经·东门之池
有真	庄子·大宗师	与鹄	楚辞·卜居
有榛	诗经·简兮	与化	庄子·天运
右有	诗经·裳裳者华	与骥	楚辞·卜居
幼志	楚辞·九章	与骐	楚辞·卜居
于淡	庄子·应帝王	与如	论语·乡党
于机	庄子·至乐	与时	周易·遁
于疆	诗经·江汉	与泰	楚辞·远游
于理	诗经·江汉	与与	诗经·楚茨
于鲁	诗经·閟宫	宇初	庄子·知北游
于莽	周易·同人	宇光	庄子·庚桑楚
于苗	诗经·车攻	宇泰	庄子·庚桑楚
于漠	庄子·应帝王	羽齐	春鸟词送元秀才入京
于沙	周易·需	羽旋	庄子·天下
于狩	诗经·叔于田	羽仪	周易·渐
于田	诗经·叔于田	雨牧	升平词
于易	道德经	雨晴	与崔二十一游镜湖寄包贺二公
于征	诗经·车攻	雨润	周易·说卦
于沚	诗经·采蘩	禹偁	楚辞·离骚
余心	楚辞·九章	语冰	庄子·秋水
余征	楚辞·离骚	语道	庄子·秋水
於赫	诗经·那	语海	庄子·秋水
於铄	诗经·酌	语乐	论语·八佾
渔莞	楚辞·渔父	语上	论语·雍也
渔秋	初秋骤凉	玉驰	楚辞·离骚
渝安	周易·讼	玉琳	楚辞·九歌
与初	楚辞·远游	玉莹	谢提刑张郎中寄筇竹拄杖
与芳	楚辞·离骚	玉瓒	诗经·旱麓

名字	出处	名字	出处
玉镇	楚辞·九歌	曰时	诗经·绵
郁林	诗经·晨风	曰祥	道德经
郁文	论语·八佾	曰止	诗经·绵
育德	周易·蛊	约礼	论语·雍也
械朴	诗经·械朴	约柔	庄子·在宥
遇雨	周易·睽	月皓	诗经·月出
喻非	庄子·齐物论	月恒	诗经·天保
寓庸	庄子·齐物论	月皎	诗经·月出
豫若	道德经	月露	游泰山六首（其六）
渊渚	诗经·鹤鸣	月明	周易·系辞下
渊静	庄子·在宥	月照	诗经·月出
渊雷	庄子·在宥	悦贤	庄子·人间世
渊默	庄子·在宥	悦志	庄子·盗跖
渊泉	列子·黄帝	跃渊	周易·乾
渊若	庄子·达生	云汉	诗经·械朴
渊宗	道德经	云鹤	南史·刘怀珍传
元亨	周易·乾	云雷	周易·屯
元吉	周易·讼	云旗	楚辞·离骚
元戎	诗经·六月	云容	楚辞·九歌
元善	周易·乾	云衣	楚辞·九歌
原一	庄子·天下	云远	八声甘州·寿蔡泉宪
援玉	楚辞·九歌	筠衣	晚兴
远集	楚辞·离骚	允德	诗经·湛露
愿芳	楚辞·九章	允君	诗经·车攻
曰常	道德经	允升	周易·升
曰明	道德经	运舟	楚辞·九章
曰强	道德经	在邦	论语·颜渊
曰生	周易·系辞下	在道	周易·随

名字	出处	名字	出处
在谷	诗经·白驹	章庆	诗经·裳裳者华
在己	列子·仲尼	章天	诗经·棫朴
在宥	庄子·在宥	长佩	楚辞·离骚
在藻	诗经·鱼藻	昭明	诗经·既醉
在中	周易·师	昭诗	楚辞·九章
在洲	诗经·关雎	兆化	庄子·天下
载谋	诗经·生民	照槛	楚辞·九歌
载宁	诗经·江汉	肇戎	诗经·江汉
载惟	诗经·生民	哲茂	楚辞·离骚
载阳	诗经·七月	贞干	周易·乾
则仕	论语·卫灵公	贞明	周易·明夷
则威	论语·学而	振鹭	诗经·有駜
择仁	论语·里仁	振民	周易·蛊
泽火	周易·革	振我	庄子·田子方
泽雷	周易·随	震亨	周易·震
泽临	周易·临	震行	周易·震
詹泰	诗经·閟宫	震修	周易·震
瞻白	庄子·人间世	正邦	周易·离
展成	诗经·车攻	正南	论语·卫灵公
展君	诗经·雄雉	正容	庄子·田子方
展人	诗经·君子偕老	正圣	周易·乾
展如	诗经·君子偕老	正言	楚辞·卜居
展诗	楚辞·九歌	正由	楚辞·远游
绽英	浪淘沙·昨日出东城	正则	楚辞·离骚
湛澄	李都尉古剑	正志	周易·遁
湛存	道德经	之澄	楚辞·远游
湛露	楚辞·九章	之耿	楚辞·离骚
湛然	李都尉古剑	之广	诗经·汉广

名字	出处	名字	出处
之翰	诗经·崧高	知新	论语·为政
之赫	楚辞·离骚	知言	庄子·列御寇
之介	楚辞·离骚	知余	楚辞·九章
之进	周易·渐	知正	周易·乾
之屏	诗经·桑扈	知之	论语·为政
之清	楚辞·远游	知至	周易·乾
之永	诗经·汉广	知阻	周易·系辞下
知裁	论语·公冶长	祗平	周易·坎
知崇	周易·系辞上	执革	周易·遁
知存	庄子·徐无鬼	执古	道德经
知达	庄子·秋水	执弘	论语·子张
知德	论语·卫灵公	执恪	诗经·那
知好	诗经·女曰鸡鸣	执中	论语·尧曰
知和	论语·学而	直方	周易·坤
知怀	楚辞·九辩	直人	庄子·知北游
知慧	庄子·列御寇	止巽	周易·渐
知謇	楚辞·离骚	芷蘅	楚辞·离骚
知津	论语·微子	芷茸	楚辞·九歌
知乐	论语·雍也	徵蕤	列子·汤问
知临	周易·临	至存	庄子·人间世
知茂	庄子·让王	至道	论语·雍也
知宁	庄子·列御寇	至健	周易·系辞下
知山	庄子·徐无鬼	至静	周易·坤
知生	论语·先进	至临	周易·临
知盛	庄子·大宗师	至清	楚辞·远游
知十	论语·公冶长	至柔	周易·坤
知贤	列子·说符	至顺	周易·系辞下
知险	周易·系辞下	至至	列子·杨朱

名字	出处	名字	出处
志初	楚辞·九章	朱霞	南史·刘怀珍传
志达	楚辞·九章	朱衣	晚兴
志道	论语·述而	著明	楚辞·九章
志登	列子·汤问	铸舜	庄子·逍遥游
志仁	论语·里仁	庄语	庄子·天下
志素	楚辞·九辩	倬云	诗经·棫朴
志一	列子·天瑞	卓尔	刘望之图录惠示文卷次韵
志应	周易·蒙		为谢
志云	楚辞·九辩	资生	周易·坤
志则	周易·蛊	子克	周易·蒙
制礼	周易·系辞下	子佩	诗经·子衿
质民	诗经·抑	子硕	诗经·椒聊
质真	道德经	自春	西园早春（其二）
质正	楚辞·九章	自富	道德经
治明	周易·革	自谷	诗经·伐木
治一	庄子·天地	自厚	论语·卫灵公
治至	庄子·天道	自化	道德经
智存	列子·杨朱	自可	庄子·寓言
中道	周易·解	自宽	列子·天瑞
中谷	诗经·葛覃	自力	列子·天瑞
中泽	诗经·鸿雁	自牧	周易·谦
中正	周易·姤	自朴	道德经
忠镡	庄子·说剑	自强	楚辞·九章
忠恕	论语·里仁	自然	庄子·寓言
忠湛	楚辞·九章	自善	庄子·外物
重仁	楚辞·九章	自仙	西江月·梅花
舟虚	周易·中孚	自昭	周易·晋
周郁	论语·八佾	自正	道德经

名字	出处	名字	出处
自知	周易·系辞下	遵道	楚辞·离骚
自智	列子·天瑞	琢章	诗经·棫朴
宗海	诗经·沔水	左宜	诗经·裳裳者华
宗天	庄子·天下	作谋	周易·讼
纵圣	论语·子罕	作忠	楚辞·九章